Ajahn Brahm
Master Guojun

# Nur wer loslässt,
# kann auch fliegen

Buddhistische Lebensweisheit,
um Schwierigkeiten gelassen zu meistern

Herausgegeben von Kenneth Wapner

Aus dem Englischen übertragen von Karin Weingart

WILHELM HEYNE VERLAG
MÜNCHEN

Die amerikanische Originalausgabe erschien 2019 unter dem
Titel *Falling is Flying. The Dharma of Facing Adversity* bei
Wisdom Publications, Somerville, Massachusetts, USA.

Penguin Randomhouse Verlagsgruppe FSC® N001967

2. Auflage
Taschenbuchausgabe 12/2024
Copyright © 2019 by Master Guojun
Copyright © 2019 by Ajahn Brahm
Copyright © der deutschsprachigen Ausgabe 2019
by Lotos Verlag, München,
in der Penguin Randomhouse Verlagsgruppe GmbH,
Neumarkter Straße 28, 81673 München
produktsicherheit@penguinrandomhouse.de
(Vorstehende Angaben sind zugleich Pflichtinformationen nach GPSR)

Alle Rechte sind vorbehalten. Printed in Germany.
Umschlaggestaltung: Christine Klell, Wien, unter Verwendung
eines Motivs von Roman4 und Christine Klell
Satz: Satzwerk Huber, Germering
Druck und Bindung: GGP Media GmbH, Pößneck
Printed in Germany.
ISBN 978-3-453-70487-9

www.heyne.de

Statt Ihren Geist mit Groll, Gemotze, Schuldzuweisungen,
Bestrafungen und Angst disziplinieren zu wollen,
versuchen Sie es doch einmal mit etwas weit Effektiverem:
der freundlichen Güte, Sanftheit und Versöhnlichkeit,
die das Friedenschließen mit dem Leben nach sich zieht.

AJAHN BRAHM


Im freien Fall ist nichts mehr stabil und
gibt es nichts mehr, woran man sich festhalten könnte.
Keine Chance, den Gang der Dinge noch zu steuern.
Wir müssen uns ergeben, und mit dieser Kapitulation
geht ein Vorgeschmack auf die Befreiung einher.

MASTER GUOJUN

# Inhalt

# TEIL II
## FLIEGENDES WEISS
*Master Guojun*

# Vorbemerkung des Herausgebers

Im Rahmen seiner »Happiness Every Day«-Tour durch Indonesien im Jahr 2016 trat Ajahn Brahm gemeinsam mit Chan-Meister Guojun vor ein großes Publikum. Auf den dort gehaltenen Lehrvorträgen sowie Gesprächen, die ich anschließend mit den beiden spirituellen Meistern führen durfte, beruht das vorliegende Buch.

Es war die Zeit einer großen Kontroverse. Ajahn Brahm hatte Frauen ordiniert. Dies führte zu seinem Ausschluss aus der thailändischen Waldtradition seines Lehrers Ajahn Chah und auch dazu, dass die Bande seiner australischen Organisation zum Mutterkloster Wat Nong Pah Pong in Thailand zerschnitten wurden.

Master Guojun seinerseits war zum Ziel einer Schmutzkampagne geworden. Sein Fall war sehr kompliziert und hatte ebenfalls mit den traditionellen Ordensregeln zu tun. Nicht zuletzt die Frage, was im Buddhismus als rechtes Tun gelten sollte, und der Umgang religiöser Gemeinschaften mit Geld und Macht spielten eine Rolle. Für beide Lehrer stellten solche Ereignisse bedeutsame Bewährungsproben dar: Wie reagieren Dharma-Meister, wenn es hart auf hart kommt? Genau dies war meine erste Frage, als die Planung für das Buch begann.

Sobald ich aber die beiden Mönche interviewte und tiefer in die Thematik einstieg, erweiterte sich mein Blickwinkel entscheidend. Von jetzt an ging es weniger um die äußeren Konflikte, in denen sich Ajahn Brahm und Master Guojun aktuell wiederfanden, als vielmehr um innere Herausforderungen, vor die das Leben sie stellte, speziell ihre Beziehung zum eigenen Lehrer. Die Geschichten von früher, die sie erzählten, sprachen mich sehr an, vor allem wenn es dabei um das Verhältnis zwischen Lehrer und Schüler ging. Es berührte mich, wenn die beiden in bewegenden Worten über die isolierte, gleichsam insulare Sphäre des waldklösterlichen Buddhismus sprachen, die sie in ihrer Jugend kennengelernt hatten. Unsere globalisierte Mediengesellschaft kennt diese einzigartigen Gemeinschaften nicht mehr. Deren verlorene Kostbarkeit wenigstens in Ansätzen wieder aufleben zu lassen, wurde mir zum persönlichen Anliegen.

Zu erfahren, wie Ajahn Brahm und der Ehrenwerte Guojun sich stets allen Situationen und Prüfungen des Lebens stellten, gereicht uns als Vorbild, damit auch wir angemessen mit unseren eigenen Problemen umgehen können. Wir alle wohl wünschen uns, dass das Leben anders sein sollte, als es nun einmal ist. Wir können nun aber nicht selbst darüber befinden, welche Schwierigkeiten es uns in den Weg wirft.

Zwei sehr besondere Menschen zeigen uns hier, wie wir selbst zu innerer Stärke und Kraft finden und – egal, wie die äußeren Umstände sind – ein offenes Herz bewahren können. Ihre inspirierende, zutiefst menschliche Art weist uns den Weg zu umfassender Liebe zum Leben, auch und gerade in all seiner Unvollkommenheit.

*Kenneth Wapner*

# TEIL I

## Nicht kurieren – kümmern!

### AJAHN BRAHM

**1**

# Auf das Leben zugehen –
# so schwierig es auch sein mag

2009 baten mich vier hochqualifizierte Bhikkhunis, voll ordiniert zu werden. Unerwartet kam dieses Anliegen nicht; in unserer Tradition wurde schon länger über die ungleiche Behandlung von Mönchen und Nonnen diskutiert. Denn im Theravada-Buddhismus hatte es seit circa tausend Jahren keine volle Bhikkhuni-Ordination mehr gegeben. Und wie man mir gesagt hatte, war es aus rechtlichen Gründen unmöglich, diese Praxis wiederaufzunehmen. In Asien stellte das kein großes Thema dar, ganz anders dagegen in der westlichen Welt, wie etwa in Australien, wo ich lebe.

Das Problem bei der Ordination von Bhikkhunis: Es gab zu wenige. Denn im thailändischen Theravada sind fünf voll ordinierte Bhikkhunis erforderlich, um weitere ordinieren zu können. Für den Fall, dass diese Zahl nicht erreicht wurde, schloss der Vinaya, die Sammlung buddhistischer Ordensregeln, in der die Zeremonie behandelt wird, eine Ordination aus – was ein echtes Dilemma war: Diese Regel brachte viele Mönche in große Verlegenheit. So auch mich. Denn wann immer ich erwähnte, dass »*allen Lebe-*

*wesen*« Mitgefühl gebühre, kam ich mir wie ein Heuchler vor. Es war ganz so, als würde ich die Frauen absichtlich ausschließen. Als ob mein Mitgefühl nur selektiv wäre.

Die Nonnen in den Klöstern trugen die gleichen weißen Roben wie die Anagarikas, also jene Mönche, die noch am Anfang ihrer klösterlichen Laufbahn standen. Sie übten auch die gleichen Pflichten wie diese aus, was westliche Buddhistinnen und Buddhisten in der Regel als zu hart und als herabsetzend empfanden. Darüber hinaus mussten die Frauen acht zusätzliche Regeln einhalten. Und während die Männer die Chance einer höheren Ordination hatten, blieb dies den Frauen versagt – bloß wegen ihrer Geschlechtszugehörigkeit.

Zwar wurden auch Orden gegründet, in denen die Nonnen braune Roben trugen und zehn Regeln zu befolgen hatten. (In Myanmar heißen diese Nonnen Sayalays und im Westen Siladharas.) Auch sie wurden aber als Ordenspersonen zweiter Klasse betrachtet, die nicht denselben Respekt genossen und nicht die Höflichkeitsbezeugungen erwarten durften, wie sie den Männern zustanden, weil es dafür in den Texten des Theravada-Buddhismus keine Grundlage gab.

Einmal kam mir auch zu Ohren, dass Mönchsälteste einer Sangha von Siladharas, die in ein und demselben Kloster lebten, überfallartig die folgenden fünf Punkte aufzwangen, ohne sie vorher davon in Kenntnis gesetzt, geschweige denn nach ihrer Meinung gefragt zu haben:

1. Der jüngste Bhikkhu ist der ältesten Siladhara über-geordnet. Dieses grundsätzliche Verhältnis ist so im Vinaya definiert und kann niemals geändert werden.

2. Bei öffentlichen Anlässen wie dem Segnen, Chanten oder Halten eines Lehrvortrages obliegt die Leitung stets dem ältesten anwesenden Bhikkhu. Dieser darf, sollte er es für richtig halten, die infrage stehende Aufgabe an eine Siladhara delegieren. Daraus lässt sich aber unter keinen Umständen der Anspruch auf eine über den Einzelfall hinausgehende geteilte Leitung ableiten.

3. Für die Ordination und Führung der Siladharas ist nicht deren Älteste verantwortlich, sondern die Sangha der Bhikkhus. Die Kandidatinnen sollten die Zustimmung der Siladhara und die Billigung der durch die Mitglieder des Ältestenrats vertretenen Bhikkhu-Sangha erhalten.

4. Am Pavarana-Tag anlässlich des Endes der Regenzeit ist die Siladhara-Sangha in Übereinstimmung mit dem Vinaya gehalten, der Bhikkhu-Sangha eine Einladung auszusprechen.

5. Die Siladhara-Ausbildung gilt in unserer Tradition als geeignetes Fahrzeug zum Erreichen der Befreiung. Sie ist in ihrer gegenwärtigen Form vollständig; eine Weiterentwicklung, etwa hin zur Bhikkhuni-Ordination, ist INDES nicht vorgesehen.

Bei all dem darf man nicht vergessen, dass die Siladharas außerhalb des Vinaya stehen und die Klosterregeln des Theravada-Buddhismus nicht auf sie angewendet werden können.

Diese diskriminierenden, erniedrigenden Vorschriften, die unsere Bhikkhunis zu ewiger Zweitklassigkeit verdammten, hatten zur Folge, dass weibliche Ordenspersonen immer wieder das Klosterleben aufgaben. Manche zogen in ein anderes westliches Land, und eine Reihe lang gedienter Laienunterstützer wandte sich ganz vom Buddhismus ab, so empört waren sie.

Als mich die vier Nonnen also formell baten, ordiniert zu werden, sagte mir mein Herz, dass es darauf nur eine Antwort geben konnte: Ihnen die Ordination zu verweigern wäre ethisch unvertretbar. Und das trieb dann den Deckel vom Topf.

Sechs Monate nachdem mein Meister Ajahn Chah mich und den mir vorgesetzten Ajahn Jagaro nach Australien geschickt hatte, gründeten wir das Mönchskloster Bodhinyana. Der Aufbau eines Nonnenklosters war unsere nächste Aufgabe. In allen mir bekannten gemischten Klöstern dominierten die Mönche, während die Frauen in eine untergeordnete Rolle gedrängt wurden. Aus diesem Grund hielt ich es für wichtig, dass die Bhikkhunis einen eigenen Ort für ihre Praxis erhielten – außerhalb von Bodhinyana.

Auf der Suche nach einem Grundstück fanden wir zunächst gut 61 Morgen unwirtliches Land, umgeben von Farmen und leider ohne die ruhige Einsamkeit, die für die kontemplative Praxis erforderlich ist. Bodhinyana war herrlich, mit seinen 485 Morgen Land inmitten ursprünglicher Wälder auf abwechslungsreichem Hügelland. Die Frauen nun an einen so viel weniger geeigneten Ort zu verbannen fühlte sich zutiefst respektlos an – nicht anders, als sie sonst auch behandelt wurden. Ging gar nicht! Dann allerdings erfuhren wir von 871 Morgen hügeligen Waldlandes in Gidgegannup, etwa achtzig Minuten von Bodhinyana entfernt. Und um es kurz zu machen: Wir konnten das Gelände erwerben und Dhammasara auf den Weg bringen ...

Unsere Bhikkhunis bauten das Kloster auf. In den ersten fünf Jahren erbrachten Ayya Vayama und neun andere Novizinnen Höchstleistungen, allen Widrigkeiten – miserablen Wohnverhältnissen und geringer Unterstützung – zum Trotz.

Eine gewisse Unabhängigkeit hatten sie nun gewonnen, die volle Ordination aber konnten sie immer noch nicht nehmen. Und ihr Status blieb auch weiterhin dem der Mönche unterlegen – in Übereinstimmung mit der alten Theravada-Tradition, die vor tausend Jahren die volle Ordination von Bhikkhunis abgeschafft hatte.

Nachdem ich beschlossen hatte, die Bhikkhunis zu ordinieren, bemühte ich mich um eine Lösung, die nicht gegen den Vinaya verstieß. Im Selbststudium brachte ich mir Pali bei, eine mittelindische Sprache, die ganz ähnlich strukturiert ist wie das Latein, das ich in der Schule gelernt hatte. So konnte ich mich in den ursprünglichen buddhistischen Kanon vertiefen. Es überzeugten mich die Schlussfolgerungen, zu denen die sogenannte Konvergenztheorie kommt. Deren Vertreter haben die Texte unter dem Blickwinkel verschiedener Disziplinen untersucht – linguistisch, archäologisch, geschichtlich, politisch – und herausgearbeitet, welche Teile davon tatsächlich zu Lebzeiten des Buddha aufgeschrieben wurden und seine Worte beziehungsweise

Lehren mithin authentisch wiedergeben, und welche später hinzugefügt wurden. Das war insofern von Bedeutung, als es die Behauptung stützte, aufgrund bestimmter Lehren in den Hauptbüchern der Dhamma-Vinaya-Tradition sei eine Wiederaufnahme der Ordination von Bhikkhunis durchaus möglich.

Sorgfältige Recherchen ergaben, dass um das Jahr 1200 herum Bhikkhunis von Sri Lanka nach China segelten, um dort die Frauenordination einzuführen. Ihre Überlieferungslinie war, wie es der Vinaya vorsah, ungebrochen. Die Chinesen gelten zu Recht als hervorragende Archivare. Und die dort entstandene Tradition der Ordination von Bhikkhunis war zweifellos authentisch.

Im Buddhismus sind wir zunächst einmal Mönche; demgegenüber ist die Zugehörigkeit zu einer bestimmten Schule von untergeordneter Bedeutung. Und für Nonnen gilt dasselbe. Mönche und Nonnen zogen von Kloster zu Kloster, und wo immer sie auch blieben, wurden sie als Brüder und Schwestern betrachtet.

Die Rechtmäßigkeit einer Ordination beruht auf den folgenden vier Faktoren:

1. Die Zeremonie findet in klösterlichem Rahmen statt, und alle Mitglieder der Sangha sind anwesend oder haben eine Vertretungsperson bevollmächtigt, in ihrem Namen zu sprechen.
2. Der für die Ordination vorgesehenen Person ist es – etwa aus Altersgründen – nicht verboten, sich ordinieren zu lassen.

3. Formal folgt der Akt der Ordination – durch die Sangha, einen Antrag sowie drei Ankündigungen – dem im Vinaya niedergelegten Prozedere.

4. Bei der Zeremonie sind mindestens fünf beziehungsweise in Mittelindien (entspricht in etwa dem Gangestal) zehn Bhikkhunis anwesend.

Wohlbemerkt: In der vierten Voraussetzung ist nicht die Rede davon, dass die genannte Mindestmenge der Bhikkhunis aus einem Kloster, einer Überlieferungslinie oder Sekte beziehungsweise Schule oder Strömung stammen muss. Solange es sich um legitime Bhikkhunis handelt, erfüllen alle das Quorum.

Die Idee der verschiedenen Sekten wird im Vinaya *nana-samvasa* genannt. Für die Spaltung einer Sangha in zwei Sekten gibt es im Buddhismus nur zwei legitime Gründe: entweder die Exkommunikation aus der Sangha durch einen formalen Akt namens *ukkhepaniyakamma* oder freiwilliges Verlassen der Gemeinschaft. Auch für das neuerliche Zusammenfinden gibt es nur zwei legitime Gründe: Entweder die Sangha hebt die Exkommunikation auf oder die Betreffenden beschließen, sich (wieder) zu vereinigen. Demnach können dem Vinaya zufolge fünf Bhikkhunis gleich welcher Tradition zusammenkommen und eine Zeremonie durchführen, in der eine Bhikkhuni neu ordiniert wird. Die Farbe der Roben und die Rituale im Anschluss an die Zeremonie sind für die Rechtmäßigkeit der Ordination vollkommen irrelevant.

So ordinierten vor etwa achthundert Jahren Theravada-Bhikkhunis aus Sri Lanka Frauen aus China und begründeten auf diese Weise die Überlieferungslinie in dem Land. Die sri-lankischen Bhikkhunis kehrten vermutlich irgendwann in ihre Heimat zurück; ihre Schützlinge in China arbeiteten weiter an sich und bildeten im Laufe der Zeit die speziellen Rituale, Kleidervorschriften und Interpretationen heraus, die heute für den Mahayana-Buddhismus charakteristisch sind.

Besonders wichtig aber: An der Legitimität der Ordination auf Basis der genannten vier Faktoren änderten sie nichts. Sie gilt bis heute.

Ein Hauptargument gegen die volle Ordination von Frauen war jene Passage im Pali-Kanon, in der Ananda den Buddha bittet, seine Stiefmutter Mahapajapati Gotami zu ordinieren. »Wenn wir Nonnen ordinieren, hat der Buddhismus anstelle von tausend nur fünfhundert Jahre Bestand«, soll der Buddha geantwortet haben. Allerdings erfüllte er Anandas Bitte, und zwar nachdem dieser ihn gefragt hatte, ob denn Frauen etwa nicht genauso zur Erleuchtung gelangen könnten wie Männer. Diese Geschichte steht weder in der chinesischen noch in der Sanskrit-Version des Textes. Und ich vertrete keineswegs als Einziger die Überzeugung, dass es sich hier um einen späteren Zusatz zum Kanon handelt und nichts ist, was der Buddha, der ja bekanntermaßen keine Vorhersagen traf, gesagt hätte. Und selbst wenn es aus seinem Mund gekommen wäre: Dann hätte er sich eben getäuscht!

Eine starke Lanze für die Frauenordination wird an anderer Stelle in den Schriften gebrochen:

Kurz nach seiner Erleuchtung bekommt der Buddha Besuch von Mara.

»Tja«, sagte Mara. »Dass du erleuchtet bist, habe ich ja verstanden. Aber warum willst du jetzt auch noch unterrichten? Das bringt dir doch nichts als Kopfschmerzen ein.«

»Bevor ich die vier Säulen des Buddhismus nicht errichtet habe, werde ich nicht sterben«, gab der Buddha zurück, »also die Sangha der Mönche, die Sangha der Nonnen, die Sangha der starken Laien männlichen und die der starken Laien weiblichen Geschlechts.«

Fünfundvierzig Jahre später besuchte Mara den Buddha wieder und erinnerte den Buddha an sein Versprechen.

»Du hast es geschafft«, sagte Mara. »Es gibt jetzt Tausende Mönche und Nonnen sowie Hunderttausende von Laienunterstützern und -unterstützerinnen. Jetzt kannst du in aller Ruhe sterben.« Und tatsächlich, drei Monate später hat der Buddha das Zeitliche gesegnet.

Als seine Mission bezeichnete er nach seinem Erwachen also speziell den Aufbau einer der Gemeinschaft der Männer *gleichgestellten* Frauen-Sangha. Sie stand mit im Zentrum seiner Lehrtätigkeit.

Meine Sangha und ich waren der festen Überzeugung, dass die Vollordination von Frauen gegen kein Gesetz verstieß. Wir luden fünf Bhikkhunis aus San Francisco ein, die Ordination durchzuführen. Sie hielten eine wunderbare, sehr bewegende Zeremonie ab.

»Endlich! Endlich!«, riefen die Angehörigen unserer Sangha. »Den Theravada-Buddhismus haben wir ja immer geliebt. Aber wie ihr mit den Frauen umgegangen seid … das war ganz schrecklich.«

Manche Mitglieder unserer Traditionslinie hatten ihr ganzes Leben lang darauf gewartet. Und jetzt geschah es tatsächlich. Direkt vor ihren Augen.

Ich habe mich wahnsinnig gefreut, dass wir nun endlich voll ordinierte Bhikkhunis hatten. Und ich empfand es als unglaubliche Bereicherung des Buddhismus.

In unserer Tradition gibt es eine Reihe großer Dhamma-Lehrer weiblichen Geschlechts, auf die wir sehr stolz sind. Ich mag besonders die auch als »Mantelgeherin« bekannte Patacara. Gegen den Willen ihrer aristokratischen Eltern lief sie mit einem guten Mann aus einer niederen Kaste davon. Als sie ihr zweites Kind erwartete, bat sie ihren Gatten, sie in ihr Heimatdorf zurückzubringen, damit ihre Mutter sie bei der Geburt unterstützen konnte.

Das Kind hatte es jedoch eilig, auf die Welt zu kommen. Und während der Wehen kam ein starker Sturm auf. Als Patacaras Mann Äste schnitt, um der Familie ein notdürftiges Quartier zu richten, fiel er einem Schlangenbiss zum Opfer und starb. Seine Frau gebar das Kind und setzte ihre Reise fort. Unterwegs gelangte sie an einen nach Sturm und Regen reißenden Fluss. Ihr fehlte die Kraft, ihn mit beiden Kindern auf dem Arm zu überqueren. Also brachte sie ihr Neugeborenes ans andere Ufer und kehrte zurück, um ihren Sohn zu holen. Da bemerkte sie über sich einen Falken. Sie ruderte wild mit den Armen und brüllte aus Leibeskräften, um ihn zu verscheuchen. Das ältere Kind dachte, die Zeichen würden ihm gelten, ging auf seine Mutter zu und wurde von der Strömung mitgerissen, während der Falke das Neugeborene packte und mit ihm davonflog.

Ajahn Brahm

Patacara setzte den Weg ins Dorf ihrer Eltern fort. Auch sie waren zu Tode gekommen, als der Sturm ihr Haus zerstört hatte. Als Patacara davon erfuhr, verfiel sie dem Wahnsinn. Sie zerriss ihre Kleider und wurde zur Mantelgeherin – einer in Lumpen gehüllten Irren, die im Land umherstreifte.

Unterwegs traf Patacara den Buddha, der im Hain des Jeta lehrte. Die Versammelten wollten sie fortschicken, vielleicht, damit ihre leichte Bekleidung die Mönche nicht irritierte. Aber der Buddha befahl Patacara, wieder zu Sinnen zu kommen. Der Wahn verließ sie, und sie setzte sich dem Buddha zu Füßen, um ihm zu huldigen. »Dass die Menschen sterben, die wir lieben, lässt sich nicht vermeiden«, sagte der Buddha. »Doch darüber nachzugrübeln oder bitter zu werden ist die reinste Verschwendung von Lebenszeit. Vor dem, was uns bevorsteht, kann uns niemand beschützen. Daher müssen wir uns auf den Weg ins Nibbana begeben.«

Patacara nahm sich diese Worte zu Herzen und bat umgehend, ordiniert zu werden.

Doch ist ihre Geschichte hier noch nicht zu Ende. Als die Flamme ihrer Öllampe plötzlich ausging, erlangte Patacara Erleuchtung. Ihr Lied im *Therigatha*, den Versen der Nonnen, endet mit den Zeilen:

Sehet! Das Nibbana des Lämpchens!
Befreiung zieht herauf! Mein Herz ist losgelassen!

Mich hat diese Geschichte unglaublich berührt: Da war eine Frau, die alles verloren hatte und doch immer noch in der Lage war, die Weisheit zu erkennen und erleuchtet zu werden. Patacaras Geschichte ist für mich die perfekte Parabel auf die spirituelle Suche: das Leben aufgeben, um das Leben zu gewinnen, eine Reise auf der Suche nach Glück und Wahrheit jenseits der Unvermeidlichkeit des Leidens und des endlosen, herzzerreißenden Zyklus von Geburt und Tod. Das plötzliche Ausgehen der Öllampe war das letzte Puzzlestückchen Dhamma, das Patacara noch fehlte. Meine Güte, was hatte sie zuvor nicht alles durchmachen müssen!

Warum können wir diese Art Bhikkhunis heute nicht auch noch um uns haben, fragte ich mich und kam im Laufe der Jahre immer wieder auf diesen Gedanken zurück. Und als ich die Chance hatte, ihn zu realisieren, war ich fest entschlossen, mich durch nichts davon abbringen zu lassen. Denn eines hatte ich begriffen: Wenn ich das, wovon mein Herz genau wusste, dass es richtig war, nicht umsetzte, würde ich es den Rest meines Lebens bereuen.

Eine Woche nach der Ordinationszeremonie in Bodhinyana wurde ich zu einer Mönchsversammlung in Wat Nong Pah Pong zitiert.

Wat Nong Pah Pong (oder auch nur Wat Pah Pong) ist das Hauptkloster in der Ordinationslinie meines Lehrers. Es liegt in einer Gegend, die man quasi als buddhistischen Bibelgürtel Thailands bezeichnen könnte – tiefste Provinz, ein extrem armer, flacher, brutal heißer Flecken Erde sechshundert Kilometer von Bangkok entfernt an den Grenzen

Ajahn Brahm

zu Kambodscha und Laos. Bis vor Kurzem gab es in dieser Region praktisch keine Elektrizität und nur wenige befestigte Straßen. Zwar hat sich das inzwischen geändert, nicht aber ihr religiös fanatischer, konservativer Charakter und die Haltung des Klerus, der sich für die Republikanische Garde hält: die elitären Verteidiger des Glaubens und die Härtesten der Hartgesottenen.

Drei Langstreckenflüge brachten mich von Perth nach Wat Pah Pong, wo ich schließlich am Spätnachmittag eintraf. Meine Einbestellung fiel mit der Kathina zusammen, einer Zeremonie zur Beschaffung von Geldmitteln nach dem Ende des Monsuns und der alljährlichen dreimonatigen Regenzeitklausur. Von überall her waren Laienunterstützer gekommen, um zu spenden, gutes Karma anzusammeln und sich bis spät in die Nacht Dhamma-Vorträge anzuhören. Bevor dieser Marathon losging, wurde meine Angelegenheit verhandelt. Um neunzehn Uhr betrat ich die große »Debattierhalle« und nahm auf dem Fußboden Platz, umgeben von einem Bataillon Mönchen. Eine Stimmung von Feindlichkeit, sogar Wut hing über dem Raum.

Draußen war es schon dunkel. Drinnen herrschte eine schwüle Hitze. Obwohl alle Fenster geöffnet waren, bewegte sich kein Lüftchen. Die Laien, die der Kathina wegen gekommen waren, durften die Halle nicht betreten – in diesen heiligen Mönchsgefilden hatten sie nichts zu suchen. Sie versammelten sich an den Türschwellen und Fensterbrettern – mit Sicherheit bedeutend mehr an dem interessiert, was sich bald als die Demontage meiner Person erweisen sollte, als an dem ewig gleichen Dhamma-Getöne, das ihnen später am Abend bevorstand.

Ich wurde aufgefordert, meine Rolle bei der Ordinierung der Bhikkhunis zu rechtfertigen. Zu meiner Zeit in Wat Pah Pong hatte ich fließend Thai gesprochen, doch im Laufe der Jahre war meine Sprachkompetenz geringer geworden und stand kurz davor, sich ganz zu verabschieden. Da kann man sich leicht vorstellen, wie schwer ich mich mit der Erklärung der Nuancen im Vinaya und der Legitimierung meines Handelns tat. Aber selbst wenn ich mit den rhetorischen Fähigkeiten eines Cicero begabt gewesen wäre, hätte ich keine Chance gehabt. Die mir feindlich gesinnten Elemente hatten ihre Entscheidung schon getroffen; und sie übertönten die sanften Stimmen, die für liebende Güte und Mitgefühl plädierten. Schnell wurde mir klar, dass Argumente völlig sinnlos waren. Trotzdem beschloss ich, den Disput aufzunehmen.

Es war ein zeitaufwendiges Unterfangen. Ganze drei Stunden dauerte die Inquisition. Schließlich wurde mir ein Angebot unterbreitet: Ich sollte schriftlich erklären, dass es sich bei den vier Frauen in Perth nicht um Bhikkhunis handelte; dann wäre alles wieder wie zuvor, versicherte man mir. Von Strafmaßnahmen würde unter diesen Umständen abgesehen werden.

Während eiserne Stille im Raum eintrat, überlegte ich. Es war, wie Anwesende mir später sagten, als hätte ich das Atmen verlernt. Dermaßen intensiv dachte ich nach! Einen Moment lang empfand ich die ungehörige Versuchung, meine Haut zu retten, koste es, was es wolle. Und doch wusste ich genau, dass ich es mir nie verzeihen würde, sollte ich jetzt zurückrudern. Und mit dem Herzen war ich bei den Frauen, die ich ordiniert hatte – die den Männern ebenbürtig waren und die mit der Vollordination verbundenen Rechte und Privilegien mehr als verdient hatten.

Die jüngste der vier Nonnen befolgte die zehn Regeln schon seit mehr als zwei Jahren, die ältere sogar bereits über zwei Jahrzehnte lang. Sie hatte zu den Pionierinnen im Kloster Dhammasara zu Perth gehört, zwei Jahre ganz allein in einem schäbigen Wohnwagen ohne Strom im Busch gelebt, die extreme Hitze des australischen Sommers genauso klaglos ertragen wie die kalten Wintermorgen. Wären diese Frauen Männer gewesen, hätte es jede Klostergemeinschaft der Welt als Privileg empfunden, sie zu ihren Mitgliedern zählen zu dürfen. Und ehrlich gesagt: Sie waren so beeindruckend, dass sie die große Mehrheit aller Mönche, denen ich je begegnet bin, in den Schatten stellten.

»Behaupten, dass sie keine Bhikkhunis wären, kann ich nicht«, sagte ich schließlich. »Denn sie *sind* Bhikkhunis.«

Und das war's dann. Unverzüglich exkommunizierten sie mich und entließen sowohl Bodhinyana als auch Dhammasara aus dem Kreis der Zweigklöster von Wat Pah Pong.

Die Ereignisse in Wat Pah Pong lösten eine Art Erdrutsch aus. Ich wurde als Abtrünniger gebrandmarkt, stand plötzlich ganz allein und ungeschützt da, geschmäht von einer Menge Mönchskollegen, die ich zum Teil sogar zu meinen Dhamma-Brüdern zählte. Insgesamt hatte die Geschichte erhebliche Auswirkungen sowohl auf meine Unterrichtstätigkeit als auch auf mein Verständnis der Lehren des Buddha. Und die anhaltende Kontroverse, die in Teilen der buddhistischen Welt für ziemlich viel Aufruhr sorgte, brachte mich dazu, intensiv über mein Handeln nachzudenken.

Die Situation, in der ich mich befand, war von zwei Momenten geprägt. Der erste: als die Bhikkhunis mich gebeten hatten, ordiniert zu werden. Da standen sie vor mir, nicht als Symbole für die Tradition, in der ich ausgebildet worden war und der ich mein Leben widmete, sondern als menschliche Wesen. Sie baten um Gerechtigkeit und um die Anerkennung ihrer Gleichheit – beides Dinge, die zu ihren unveräußerlichen Menschenrechten gehörten, wie ich fand. Und der zweite Moment war der, als ich während der Kathina-Versammlung zum Widerruf aufgefordert wurde.

Wie sehr uns solche Momente prägen, hat Joseph Conrad in seinem Roman *Lord Jim* sehr schön beschrieben. Jim ist Erster Offizier auf einem Schiff, das muslimische Pilger nach Mekka bringen soll. Doch im Zuge einer Havarie beginnt es zu sinken. Die Besatzung flüchtet sich in die Rettungsboote und überlässt die Passagiere im Schlaf sich selbst. Jim fühlt sich zwischen seiner moralischen Pflicht, die Pilger zu retten, und der Angst um sein Leben hin- und hergerissen. In einem Moment großer Verwirrung – und ohne sich recht darüber im Klaren zu sein, was er da eigentlich tut – springt auch er in ein Rettungsboot und überlässt die Passagiere dem sicheren Tod durch Ertrinken.

Nur, dass es dazu nicht kommt. Das Schiff geht nicht unter, sondern erreicht einen sicheren Hafen. Und keiner der Pilger hat den Tod gefunden. Jim dagegen büßt den Rest seines Lebens für diesen einen Moment – diese eine Tat. Auf der Suche nach Erlösung irrt er in der Welt umher.

In meinen beiden Lord-Jim-Momenten hätte ich sehr wohl von Bord gehen können, um meine Haut zu retten. Aber mein Herz wollte es anders. Denn ich wusste, dass ich mit derartigem Ballast nicht hätte weiterleben können. Es stand viel Wichtigeres auf dem Spiel als meine wohlige Bequemlichkeit.

Jahre vor der Bhikkhuni-Ordination saß ich eines Nachmittags am Bunbury Beach und meditierte, als ein Stein an meinem Ohr vorbeipfiff. Dann noch einer.

»Hey, Rajneeshee, mach dich fort! Du hast an unserem Strand nichts zu suchen.« Die Freundlichkeit galt offenbar mir.

Ungefähr zu der Zeit hatte Bhagwan Shree Rajneesh, ein damals weltweit bekanntes spirituelles Idol, seine Stellvertreterin Sheela nach Westaustralien geschickt, um dort ein neues Center zu gründen.

Ich ignorierte den Spott. Weitere Steine flogen knapp an mir vorbei, und natürlich dauerte es nicht lang, bis mich einer erwischte. Also stand ich auf und ging auf die Angreifer zu, die sich als ein Haufen aufgeregter kleiner Jungen herausstellten. Was nun wirklich das Letzte war, womit ich gerechnet hätte. Sie nahmen Reißaus. Alle bis auf einen.

»Ich bin kein Rajneeshee«, erklärte ich ihm, »sondern ein buddhistischer Mönch. Ganz andere Richtung.«

Einer nach dem anderen kehrten die Jungs zurück und wir hielten ein nettes Schwätzchen über den Buddhismus.

In den strapaziösen Zeiten nach der Frauen-Ordination musste ich oft an diese Jungs denken. Ja, manchmal bewirft uns das Leben nun mal mit Steinen. Freunde stoßen uns von sich, machen uns schlecht, versuchen sogar, uns wehzutun. Aber wir sollten nicht davonlaufen. Vielmehr sollten wir mit sanfter Entschiedenheit auf sie zugehen. Wir müssen auf unser Herz hören und – genau wie Patacara – offen sein für neue Erkenntnisse und eine höhere Wahrheit. Dies ist die Richtung, die wir nie aus den Augen verlieren dürfen, die wir immer anpeilen sollten.

Wir müssen uns immer bewusst am Leben orientieren, auf das Leben zugehen, egal wie schwierig oder gar gefährlich diese Entscheidung auch zu sein scheint.

Ajahn Brahm

2

# Nicht kurieren – kümmern!

Ich kenne Jivaka, seit er als kleiner Junge mit seinen Eltern aus Sri Lanka nach Perth kam. Sein Vater war Psychiater, und obwohl Mitglieder der anglikanischen Gemeinde, waren sie doch auch überzeugte Buddhisten und kamen regelmäßig in unseren Stadttempel. Jivaka besuchte die Dhamma-Schule, in der ich die Kinder betreute, Vorträge hielt und Meditationsunterricht gab.

Bei uns im Tempel wuchs Jivaka zu einem cleveren, arbeitsamen und sehr bescheidenen Menschen heran. Wann immer er ein Problem hatte, kam er zu mir und fragte mich um Rat.

Er beschloss, Medizin zu studieren wie sein Vater. Mit Mitte zwanzig, während seiner Zeit als Assistenzarzt, bat er mich einmal um ein Vier-Augen-Gespräch. Ich sah sofort, dass er fix und fertig war.

Eine junge Patientin von ihm war völlig unerwartet verstorben. Ihr Tod erschütterte ihn zutiefst, und seine Verzweiflung verstärkte sich noch, als ihm die traurige Aufgabe zufiel, ihren Mann zu unterrichten, der wiederum seinen beiden kleinen Kindern erklären musste, dass sie keine Mama mehr hatten. Jivaka hatte das Gefühl, diese junge Familie im Stich gelassen zu haben: Sie hatten auf ihn gebaut, und er hatte sie enttäuscht.

»Ich werde kündigen«, sagte er mir, »und die Medizin ganz aufgeben. Denn ich glaube nicht, dass ich so etwas noch einmal durchmachen könnte. Mir ist klar geworden, dass ich nicht zum Arzt geschaffen bin. Aber bevor ich meine Kündigung einreiche, wollte ich doch noch einmal mit Ihnen sprechen.«

Ich spürte seine Qual, seine Verwirrung. Was für eine schlimme Erfahrung er hatte machen müssen! Dennoch war ich nicht bereit, ihn einfach so die Flucht ergreifen zu lassen. Der Umstand, dass er sich derart intensiv um seine Patienten kümmerte, verriet mir, dass er ein ausgesprochen guter Arzt sein würde – viel besser als jene Kollegen, die nicht so mit dem Herzen bei der Sache waren wie er. Lange schaute ich ihm in die Augen. Er schien in Kummer und Scham schier zu ertrinken.

»Du missverstehst den Beruf des Arztes«, erklärte ich ihm schließlich. »Solange du glaubst, er bestehe darin, Menschen zu heilen, wirst du immer und immer wieder scheitern und ein ums andere Mal genau dieselben Qualen erleiden wie jetzt. Der Beruf des Arztes besteht aber nicht darin, die Patienten zu kurieren. Sondern darin, sich um sie zu *kümmern*.«

Es war, als würde die Last, die ihn bedrückt hatte, von ihm genommen. Er begriff sofort, worauf ich hinauswollte, und nahm seine Arbeit gleich wieder auf. Schlussendlich spezialisierte er sich auf Gastroenterologie. Einer meiner Mönche musste sich kürzlich einer Magen- und Darmspiegelung unterziehen. Und raten Sie mal, wer sie durchführte. Mein früherer Schüler Jivaka. Aus Dankbarkeit verzichtete er auf sein Honorar.

*Kümmern* können wir uns immer um unsere Mitmenschen, auch wenn wir nicht unbedingt in der Lage sind, sie zu heilen. Einige von Jivakas Patienten werden zweifellos sterben. Aber er weiß, dass er sich um sie gekümmert hat, und das verändert alles. Denn diese Menschen werden mit hoher Wahrscheinlichkeit viel friedlicher sterben, getröstet von der Fürsorge, die sie erhalten haben. Dies lindert auch den Schmerz, den ihre Angehörigen empfinden. Weil sie nämlich wissen werden, dass der von ihnen geliebte Mensch bis zu seinem letzten Atemzug umsorgt wurde. Und wenn Ärzte und Ärztinnen es zu ihrer höchsten Priorität machen, ihre Patienten zu umsorgen, werden sie auch mehr von ihnen tatsächlich kurieren können. Statistisch belegen kann ich das zwar nicht, aber es scheint mir doch auf der Hand zu liegen.

Eine Form der Fürsorge, des Sich-Kümmerns, ist das Mitgefühl. Güte und Mitgefühl. Mitgefühl und Güte. Mit diesen zwei Wörtern können wir den Kern des Buddhismus und praktisch jeder anderen Religion auch zusammenfassen. Mitgefühl kann weit wirksamer sein als die stärkste Medizin. Wenn wir uns wirklich kümmern, wenn wir mit einem mitfühlenden Herzen vollkommen präsent und engagiert sind, können wir wenigstens einen kleinen Teil des Leidens in dieser Welt lindern.

Jivakas Frau ist als Ehrenamtliche für eine Organisation namens ASeTTS (Association for Services to Torture and Trauma Survivors) tätig. Sie arbeitet mit Geflüchteten, die jetzt zwar physisch – in Australien – in Freiheit leben, im Geiste aber immer noch im Gefängnis sitzen und gequält, missbraucht, vergewaltigt werden. Und letzten Endes alles andere als frei sind.

ASeTTS lud mich ein, einen Vortrag bei ihnen zu halten. Auf meine Frage hin, womit ich diese Ehre denn verdient hätte, erfuhr ich zu meiner Überraschung, dass viele der bei der Organisation tätigen Psychiater und Psychologen meine Freitag-Abend-Vorträge besucht hatten und bei der Arbeit mit den traumatisierten Geflüchteten von den Geschichten profitieren konnten.

Welche sich denn als besonders hilfreich erwiesen habe, erkundigte ich mich. Und erfuhr, dass sie gern mit einer bestimmten Story aus *Die Kuh, die weinte* arbeiteten. Sie hatten sie leicht abgewandelt, damit sie sich besser auf die Situation der psychisch und seelisch oft irreparabel verwundeten Menschen übertragen ließ, in deren Dienste sich ASeTTS gestellt hatte.

Sobald sich die Geflüchteten einigermaßen sicher fühlten, wurden sie im Zuge der Traumatherapie durch die folgende Visualisierungsübung begleitet:

*Stell dir das Herz in deiner Brust vor. Und zwar nicht in seiner natürlichen Form, sondern als süßes rosa oder rotes Herz wie auf einer Valentinstagskarte. Stell dir vor, in diesem deinem Herzen wäre ein Türchen, das auf und zu schwingen kann. Stell dir weiter in deinem Herzen einen Teil von dir vor, mit dem du dich besonders wohlfühlst. Dieser Teil von dir ist eine glückliche, freie, gesunde Person; sie lächelt, ist entspannt und sehr lebendig. Schau*

*dann zu Boden, hinab zu deinen Füßen. Da sind viele*
*Menschen, die gefoltert werden. Sie schreien vor Angst*
*und Schmerz. Betrachte diese leidenden Menschen als*
*Teile deiner selbst, die jetzt außerhalb von dir sind, klein,*
*hilflos und am Verzweifeln.*

*Stell dir nun vor, dass eine Leiter von der Tür in dei-*
*nem Herzen aus herabgelassen wird; in dieser Tür steht*
*die unversehrte, vertrauensvolle, glückliche Person. Die*
*Leiter erreicht den Boden. Die unversehrte, glückliche*
*Person in der Tür deines Herzens streckt den kaput-*
*ten, verzweifelnden, verschreckten Menschen, die dort*
*stehen und gefoltert und vergewaltigt worden sind, die*
*Hand entgegen. »Kommt, die Tür meines Herzens steht*
*euch offen«, sagt sie. Vor Angst schlotternd steigen die*
*verschreckten Menschen die Leiter empor, einer nach*
*dem anderen. Die Tür ist weit geöffnet; die unversehrte,*
*glückliche Person heißt alle Eintreffenden aufs Herzlichs-*
*te willkommen und sagt zu jedem und jeder Einzelnen:*
*»Komm herein. Du brauchst keine Angst zu haben, denn*
*du bist ein Teil von mir. Und kannst endlich wieder nach*
*Hause kommen.«*

In dem Moment, in dem wir unsere verängstigten, leidenden Anteile in unser Herz einladen und ihnen mit Fürsorge
und Mitgefühl begegnen, wird eine enorme Veränderung
möglich: Dann können wir Frieden mit unserer Vergangenheit schließen, Frieden mit dem Leben.

Kein Mensch kann je vergessen, was ihm angetan wurde. Aber länger traumatisieren lassen muss sich auch niemand davon.

Um die Traumata und Enttäuschungen, mit denen uns das Leben konfrontiert, hinter uns lassen zu können, müssen wir die Tür unseres Herzens dem gesamten Leben öffnen – auch den Krankheiten, den Schmerzen, Ängsten und entsetzlichen Erfahrungen, die der eine oder die andere von uns hat erleben oder machen müssen.

Eine solche Haltung läuft unserer instinktiven Reaktion zuwider. Die würde darin bestehen, vor Schmerzen wegzulaufen. Doch die einzige Möglichkeit, zur Freiheit zu gelangen, liegt nicht etwa in der Flucht vor Qualen, sondern darin, sie zu integrieren, willkommen zu heißen und mit dem liebevollsten, aufgeschlossensten, verwundbarsten Teil unserer selbst anzunehmen.

An dem Abend, an dem ich meinen Vortrag bei ASeTTS hielt, bekam ich zufällig mit, wie eine Frau, die wiederholt vergewaltigt worden war, einem jungen Mann von ihren Erfahrungen berichtete. Dieser reagierte verständlicherweise schockiert.

»Was Sie da berichten … ich kriege Gänsehaut, wenn ich das höre. Wie schrecklich! Einfach abscheulich!«

»NEIN!«, schnitt ihm die Frau das Wort ab. »So können Sie das nicht sagen, auf gar keinen Fall. Schließlich bin ich erst durch diese Vorkommnisse zu der Person geworden, die ich heute bin. Sagen Sie also nicht, dass meine Erfahrungen schrecklich gewesen wären. Denn ich sage es auch nicht.«

Sie war nicht länger beschämt oder traumatisiert. Fühlte sich nicht mehr stigmatisiert. Sie war frei. Sie hatte ihren Frieden mit dem Leben geschlossen.

Ajahn Brahm

Solche Menschen sind von großer Kraft. Haben eine enorme Ausstrahlung. Sie sind einfach großartig. Und verdienen Prädikate wie »super«, »mega«, »amazing«.

3

# Der Wind des Wollens

Wie der Buddha sagte, ist Stille die Ursache von Glück und Zufriedenheit.

Mein Lehrer Ajahn Chah bewegte zu Demonstrationszwecken seine Hand gern wie ein ungehemmt im Luftstrom dahinwehendes Blatt. Sobald sich der Wind lege, erklärte er, gelange das Blatt in seinen natürlichen Zustand, den Zustand der Ruhe. Denn das Blatt ist wie der menschliche Geist, der sich nur bewegt, wenn der Wind des Wollens weht, ob es nun bei diesem Wollen um etwas Gutes oder weniger Gutes geht. Sobald wir von diesem Wollen ablassen, kommt der Geist zur Ruhe. Denn er ist wie ein Gebirgssee, in dem sich der Mond und die Sterne spiegeln.

Versuchen Sie, ein Glas so ruhig in der Hand zu halten, dass das Wasser darin vollkommen unbewegt bleibt. Sehen Sie? Es geht nicht. Egal, wie sehr Sie sich konzentrieren oder wie oft Sie es versuchen. Doch der Buddha in all seiner Weisheit und der Fülle seines Mitgefühls kannte einen Weg: *das Glas abstellen*. Damit ist das große Wunder des Dhamma enthüllt. Das Wasser kommt ganz von selbst vollständig zur Ruhe. Es bewegt sich erst wieder, wenn Sie danach greifen.

In Wat Pah Pong habe ich in einer kleinen, vielleicht zwei mal drei Meter großen Pfahlhütte gelebt. Der Boden bestand aus unebenen, von den Dorfbewohnern mit der Hand gesägten Brettern. Durch die Spalten dazwischen drangen die Stechmücken ein. Ich schlief auf einer dünnen Strohmatte.

Eine Glocke rief uns jeden Morgen um drei zum Chanten und Meditieren in die Dhamma-Halle. Im Dunkeln verließ ich mein Hüttchen und ging barfuß über den warmen, feinen Sand. Der Dschungel präsentierte sich als zwei noch etwas dunklere Vorhänge zu beiden Seiten des schmalen Gehweges. In der Finsternis zirpende Zikaden steuerten die vertraute Hintergrundmusik der letzten Stunden vor Einsetzen der Morgendämmerung bei. Sonst war alles still. Das Licht einiger großer Kerzen auf dem ausladenden Altar genügte, damit die nach und nach eintreffenden Mönche sicher zu ihren Matten fanden. Zwei überlebensgroße Buddha-Statuen aus Messing schimmerten im Kerzenschein. Warum gleich zwei? Ganz einfach: weil beide dem Kloster einmal gespendet worden waren. Mich nervten sie mitunter ein wenig, weil die Junior-Mönche sie alle vierzehn Tage polieren mussten. Zu denen gehörte ich damals noch, und das Polieren nahm mehrere Stunden in Anspruch. Eine dieser Statuen hätte vollkommen genügt, dachte ich oft – am besten sogar eine ganz kleine und vorzugsweise nicht aus Messing. Die Ausdauer wurde auch beim Chanten auf eine harte Prüfung gestellt, aber das Meditieren danach war geruhsam. Meistens bin ich dabei eingenickt. Weil ich nämlich viel zu wenig Schlaf bekam und eigentlich auch nicht genug zu essen. Und weil

Ajahn Brahm

ich in einem Klima, für das ich beim besten Willen nicht gemacht war, versuchen musste, hellwach und bewusst zu bleiben. Doch ich war nun einmal »made in London«. Und hier gab es weder Ventilatoren noch Aircondition oder Luftentfeuchter. Nicht einmal Strom. Nur die unbewegte Dschungelatmosphäre, die sich schwer, betäubend und entnervend über uns gelegt hatte wie eine dicke, warme Steppdecke.

In der Morgendämmerung begaben wir uns ins Dorf und nahmen unsere Almosenrunde auf, bei der wir uns die einzige Mahlzeit des Tages sicherten. Deren Qualität jedoch so war, dass wir uns auch keine zweite gewünscht hätten. Reis, Frösche, Ameisensuppe, Schnecken, Mutterkuchen vom Wasserbüffel. Zum Überleben reichte es – gerade mal so.

Da dieser Teil Thailands nie kolonialisiert worden war, herrschte hier indigene Kultur pur. Das Leben lief genau wie schon seit Jahrhunderten. Die Jahreszeiten – wir nannten sie »heiß«, »sehr heiß« und »heiß und feucht« – wechselten einander ab. Nicht asphaltierte Straßen endeten im Nichts. Strom gab es keinen. Die Pfahlbauten der Dorfbewohner stellten im Grunde nichts anderes dar als etwas größere Versionen der Hütte, in der ich lebte. Die Wasserbüffel, die tagsüber auf den Reisfeldern arbeiteten, schnauften nachts leise zwischen den Pfählen, auf denen die Etage ruhte, die die Familie beherbergte.

Manchmal ging ich abends nach einer Bestattungszeremonie durchs Dorf nach Wat Pah Pong zurück. Dabei sah ich in jedem Haus dasselbe: fünfzehn bis zwanzig Leute um eine Öllampe auf dem Boden versammelt. Das Licht war gerade hell genug, dass ich ihre goldfarben schimmernden Gesichter erkennen konnte. Alle Generationen, von den Kindern bis hin zu den Urgroßeltern, saßen dort, erzählten einander Geschichten und lauschten. Das war die abendliche Beschäftigung der Leute. Nichts anderes gab es. Einfach nur zusammen sein.

In manchen dieser abgelegenen Dörfer war ich der erste Weiße, den die Leute je zu Gesicht bekommen hatten. Was für eine schöne alte Kultur das war – wunderschön, aber für immer verloren.


In meinem ersten oder zweiten Jahr als Mönch erkrankte ich am Tsutsugamushi-Fieber, dessen Erreger von Milben auf dem Waldboden verbreitet werden. Dem Gesundheitsministerium in Bangkok zufolge gab es diese Infektion in unserem Teil Thailands zu der Zeit längst nicht mehr. Was daran lag, dass die Einheimischen dagegen immun geworden waren. Doch dann kamen wir Westler und haben uns die auch Scrub-Typhus genannte Erkrankung sofort zugezogen.

Da ich zitterte, fast vierzig Grad Fieber und grauenhafte Schmerzen hatte, wurde ich ins Krankenhaus gebracht. Wohlbemerkt: Die Rede ist vom Jahr 1975 und von einem abgelegenen Fleckchen Erde in einem Staat, der sich zu der Zeit noch als typisches Dritte-Welt-Land präsentierte. Das Krankenhaus entsprach nicht einmal bescheidensten Ansprüchen, und ich befand mich auch noch in der am miesesten und mit dem wenigsten Personal ausgestatteten Abteilung des Hauses – der Mönchsstation.

Zu beiden Seiten des Raumes standen je sechs Betten. Neben der Tür saß der Krankenpfleger. Um achtzehn Uhr

Ajahn Brahm

verschwand er und war bis neunzehn Uhr noch nicht ersetzt worden. Ich fragte den Mönch im Bett neben mir, ob wir nicht vielleicht irgendjemanden darüber in Kenntnis setzen sollten, dass wir immer noch auf die Nachtschicht warteten.

»Nachtschicht ist hier nicht«, antwortete er. »Wenn dir in der Zeit was passiert, gehen die Leute hier davon aus, dass es an deinem schlechten Karma liegt.«

Die Bettpfanne war schnell voll. Es kam aber niemand, um sie zu leeren, das mussten wir selbst tun. Doch ich war so schwach, dass ich kaum aufstehen, geschweige denn eine volle Bettpfanne zur Toilette tragen konnte. Und meinen Mönchskollegen, die an Cholera, Malaria oder Gelbsucht litten, ging es mindestens genauso schlecht, wenn nicht noch schlechter. Wir waren einfach nicht imstande, uns gegenseitig zu helfen.

Bald hatte ich das Zeitgefühl verloren. Zweimal am Tag bekam ich eine Spritze in den Hintern – einen Antibiotikacocktail. Einwegspritzen gab es zu der Zeit noch keine. Und die Nadeln, mit denen sie uns zu Leibe rückten, waren zuvor wieder und wieder verwendet worden. Zuerst in Bangkok, wo die Wohlhabenden lebten. Dann kamen sie in die Provinz – zu den Normalsterblichen. Und erst danach wurden wir Mönche dieser Nadeln für würdig gehalten – schienen wir doch irgendwie zu den harten Jungs zu zählen.

Die Nadel, mit der ich gepiesackt wurde, war echt stumpf. Und die Schwester, die mir die Spritze zweimal am Tag verabreichte, kein hübsches, gertenschlankes Wesen in einer reinlichen Uniform, sondern eine ältliche Matrone mit dem Körperbau eines Wasserbüffels. So stark wie *Bubalus arnee* aber musste sie auch schon sein, um den Job erledigen zu können, denn die Nadel war wirklich unglaublich stumpf. Also holte sie weit aus und rammte sie mir mit Schmackes und aller Kraft in den Hintern. Und auch wenn ich als Mönch angehalten war, Mitgefühl zu empfinden ... bei dieser Frau hörte der Spaß auf, echt jetzt mal. Mein Hintern tat mir wirklich weh. Aber so was von.

Die Antibiotika, glaube ich, hielten mich am Leben. Gerade mal so. Mein Zustand verbesserte sich allerdings kein bisschen. Es war, als würde die Lebenskraft langsam, aber sicher aus mir herauströpfeln.

Und dann kam Ajahn Chah mich besuchen. Und schon allein sein Anblick verscheuchte meine Schmerzen sofort. Mein Meister! In einem Moment höchster Not nahm er sich meiner an. Brachte die Zeit auf. Kümmerte sich um mich. Voller Liebe und Hingabe sah ich ihn an und bereitete mich geistig darauf vor, ihm meinen Gesundheitszustand mönchsmäßig stoisch, gleichzeitig aber auch realistisch zu schildern. Doch statt der Anteil nehmenden Besorgnis um mich, mit der ich fest gerechnet hatte, wurde mir eine Lehre zuteil, die einem Tritt in die Eier glich.

»Entweder du stirbst oder du erholst dich wieder«, sagte er nämlich. Und war auch schon wieder verschwunden.

Das nun hatte ich bestimmt nicht hören wollen.

Und dann auch das noch: Kaum war seine Robe aus meinem Blickfeld, erschien schon wieder die Krankenschwester. *Was für ein Mist!*

Zu der Zeit konnte ich vor lauter Schmerzen nicht auf dem Rücken liegen. Mein Hintern fühlte sich an, als wäre er im Hauptberuf Nadelkissen. Und auch wenn ich die Male, die diese Drecksnadeln hinterlassen hatten, nicht sehen konnte, vermochte ich doch die Beulen und Quaddeln auf meiner Haut zu erfühlen. In einem Anfall von Elend und Verzweiflung drehte ich mich ächzend auf die Seite. *Entweder du stirbst oder du erholst dich wieder.* Im Geiste wälzte ich Ajahn Chahs Prognose. War das alles, was er mir mitzuteilen hatte? Wie herzlos von ihm! Doch als ich mir seine Worte wieder und wieder vorsagte, dämmerte mir langsam, dass ich hatte gesund werden *wollen*. Dass ich gegen die Krankheit angekämpft hatte. Als mir das klar geworden war, beschloss ich, mich nicht länger abzustrampeln, sondern loszulassen. Das Wasserglas abzustellen.

Schon nach wenigen Minuten fühlte ich nichts mehr. Nicht einmal meinen Hintern. Es ging mir bestens.

Und auch das Fieber legte sich. Geistig zur Ruhe zu kommen – den Wind des Wollens abzustellen – war die beste Therapie, die ich hatte bekommen können. Endlich hörte auch mein Zittern auf und ein tiefer Frieden senkte sich über mich. Geistig war ich ganz still und körperlich tiefenentspannt: rundum glücklich.

**4**

# Güte vor allem anderen

Das Kloster Bodhinyana entstand etwa ein halbes Jahr nachdem Ajahn Chah einen Schlaganfall erlitten hatte, der ihn fast vollständig gelähmt zurückließ. Als er mich nach Australien geschickt hatte, damit ich Ajahn Jagaro in Perth beim Aufbau eines Klosters für Studenten unterstützte, ging ich davon aus, dass ich mich ein oder zwei Jahre dort aufhalten und dann nach Thailand zurückgehen oder auch anderswohin berufen würde, während Ajahn Jagaro als Leiter der Klostergemeinschaft vor Ort bliebe. Aber so kam es nicht. Da Ajahn Chah nunmehr weder sprechen noch sich bewegen konnte, konnte er mich natürlich auch nicht zurückholen! Und deshalb hänge ich nun die ganzen Jahre schon hier in Down Under fest, inmitten von Kängurus und Koalas.

Nach unserer Ankunft in Australien hielten Ajahn Jagaro und ich uns zunächst einmal in der urbanen Hektik von Perth auf. Wie vermissten wir dort die Ruhe und den Frieden in den Wäldern Nordostthailands, die Weite und kontemplative Einsamkeit des Lebens in Wat Pah Pong, Ajahn Chahs Kloster, das wir so geliebt hatten. Nun wollten wir hier in Australien eine ähnliche Institution gründen, in der thailändischen Waldklostertradition. Aber dafür benötigten wir natürlich einen Wald! Ein- oder zweimal in der Woche fuhren wir mit Mitgliedern unserer Sangha aufs Land und suchten abseits der städtischen Geschäftigkeit nach einem Grundstück, auf dem wir ein Kloster mit angeschlossenem Retreatcenter errichten konnten und das sich auch gut zum Meditieren eignete.

Wir suchten und suchten, fanden aber nichts Gescheites. Denn damit uns unsere Anhänger problemlos erreichen konnten, wollten wir uns auch nicht zu weit von Perth entfernen. Was im Übrigen für uns selbst ebenfalls von Nachteil gewesen wäre. Zum Beispiel, weil uns der Mönchskodex das Kochen verbietet. Und ich weiß ja nicht, wie die Australier in dieser damals noch sehr ländlichen Gegend wohl auf einen Trupp kahl geschorener thailändischer Waldmönche in orangen Roben reagiert hätten, die plötzlich aus dem Busch kamen, vor ihnen Aufstellung nahmen und ihnen stumm ihre Almosenschalen entgegenstreckten. Wollte ich damals aber auch nicht unbedingt herausfinden. Verhungern wollten wir allerdings genauso wenig. Also mussten wir einerseits nahe genug bei unseren Versorgungsquellen sein und durften uns andererseits auch nicht zu weit von der ruhigen Natur entfernen, die seit Ewigkeiten fester Bestandteil unserer Tradition und Praxis ist.

In den baumreichen Hügeln von Serpentine fanden wir, was wir gesucht hatten. Die Hügel, wenige Hundert Meter höher als die Küstenebene, ziehen sich meilenweit landeinwärts, bis sie sich schließlich im Outback verlieren – dem riesigen, überwiegend unbesiedelten Hinterland unseres Kontinents.

Ajahn Brahm

Das fragliche Gelände war ziemlich groß. Der Besitzer hatte versucht, Schafe und Kühe darauf zu halten, aber weil es so hügelig und voller Gesteinsbrocken war, hatte er die Schafe im richtigen Moment nie finden können. Für uns dagegen war es ideal – nicht gefunden zu werden ist genau nach dem Geschmack von Waldmönchen.

Wie immer waren wir bettelarm. Ob es da überhaupt Sinn hatte, ein Angebot abzugeben? Der Besitzer verlangte 200 000 Dollar für etwas mehr als 50 Hektar. Neunzigtausend hatten wir. Schließlich beschlossen wir, den Hut in die Manege zu werfen, auf die vage Möglichkeit hin … Und was soll ich sagen? Der Besitzer hat akzeptiert. Seine launischen Schafe müssen ihm echt gehörig auf den Wecker gegangen sein.

Anschließend waren wir komplett abgebrannte Eigner einer unwegsamen, naturbelassenen Parzelle. In der lokalen Mülldeponie ergatterten Ajahn Jagaro und ich zwei alte Holztüren. Wir legten sie auf Backsteine und nutzten sie als Betten. Weil Ajahn Jagaro mein Vorgesetzter war, bekam er die glattere, weniger mitgenommene Tür. Meine aber hatte einen enormen Geheimvorteil: ein Loch in der Mitte. Dieses brillante Designfeature kann ich gar nicht wortreich genug lobpreisen. Denn seinetwegen musste ich nachts nicht aufstehen, wenn ich mal aufs Klo musste.

Wir schliefen also auf unseren Türen und kampierten im Wald – gar nicht viel anders, als wir es aus Thailand gewohnt waren.

In jenem ersten Jahr hatten wir nur sehr wenig Unterstützung. Wie wir später herausfanden, warteten die in Perth lebenden Buddhisten erst einmal ab, weil sie herausfinden wollten, ob wir echte Mönche waren und bei der Stange bleiben würden. Sobald sie erkannten, dass wir durchaus über einen langen Atem verfügten, wurde ihnen auch klar, dass es in ihrem Interesse war – und vor allem dem ihrer Kinder –, uns unter die Arme zu greifen.

Ajahn Chahs Gesundheitszustand blieb in dieser Zeit stabil. Gut war es ihm schon vor dem Schlaganfall nicht gegangen. Er litt unter Schwindelanfällen, und seine Ärzte diagnostizierten einen Altershirndruck. Trotz dieser neurologischen Auffälligkeiten war er uns nie wie ein alter Mann vorgekommen, stark und klug, wie er sich uns präsentierte. In all den Jahren hatte ich so unendlich viel von ihm gelernt. Dafür war ich dankbar, und er hatte uns beigebracht, keine Anhaftungen zu hegen. Sein bevorstehendes Ableben stellte also kein größeres Problem für uns dar.

Wir gingen davon aus, dass er bald sterben würde. Die Mönche in Thailand versammelten sich und beschlossen, ihm lebenserhaltende Maßnahmen zu ersparen und ihn einfach gehen zu lassen. Doch der König von Thailand hatte andere Vorstellungen. Er bestand darauf, dass wir Ajahn Chah um jeden Preis am Leben hielten, und bezahlte sowohl die 24-Stunden-Pflege als auch alles Mögliche andere. Deshalb hielt Ajahn Chah weitere neun Jahre durch, konnte aber weder gehen noch sprechen und war fast vollständig gelähmt.

Neben zwei Mönchen war immer ein Krankenpfleger bei ihm. Und dieser fürchtete irgendwann, Ajahn Chah sei gestorben. Denn er hatte aufgehört zu atmen. Auch dem Krankenpfleger war natürlich klar, dass der Patient über kurz oder lang das Zeitliche segnen würde. Aber doch bitteschön nicht in seiner Schicht! Deshalb wollte er sich an Reanimierungsmaßnahmen versuchen; die Mönche aber befahlen ihm, Ajahn Chah in Ruhe zu lassen. Denn sie erkannten, dass er tief in Meditation versunken war.

Der Pfleger tat sich schwer damit, das zu glauben; schließlich sah Ajahn Chah seiner Meinung nach so tot aus, wie Tote nur aussehen konnten. Nach einigem Hin und Her einigten sich Pfleger und Mönche auf einen Kompromiss: Der Pfleger wollte Ajahn Chah alle drei Minuten Blut abnehmen, um sicherzustellen, dass Hirn und innere Organe ausreichend mit Sauerstoff versorgt waren. Gesagt, getan. Und tatsächlich stellte sich die Sauerstoffversorgung des Patienten in den folgenden drei Stunden als tadellos heraus – und das, obwohl Ajahn Chah allem Anschein nach nicht atmete. Dies ist nur möglich, wenn man sich in einer Verfassung befindet, die wir als viertes Jhana bezeichnen: ein Bewusstseinszustand der tiefen Meditation. Ajahn Chah konnte nicht mehr gehen und nicht mehr sprechen. Meditieren aber konnte er sehr wohl noch.

Nach drei oder vier Jahren konnten wir die ersten Gedanken auf den Bau der Meditationshalle in Bodhinyana verwenden. Zu der Zeit hatte ich bereits erste einfache Häuser auf dem Gelände gebaut und mithin schon etwas Erfahrung auf diesem Gebiet gesammelt. Was das anging, setzte meine Sangha also einiges Vertrauen in mich. Nicht zuletzt auch, weil wir uns keine aufwendigen Bauten vornahmen, sondern ganz einfache, und uns zudem jede Eigenleistung viel Geld sparen würde.

Als es an den Entwurf der Halle ging, war ich immer noch Assistent, die Nummer zwei hinter Ajahn Jagaro, dem Abt des Klosters Bodhinyana. Zehn Tage lang stritten wir beide über Lage und Proportionen der Halle. Unser Konflikt wurde immer hitziger. Und ich schämte mich – verhielten wir uns doch wie die Laien! Wie ein altes Ehepaar! Das ging so weit, dass wir uns nicht mehr miteinander unterhielten. Sondern nur noch mehr oder weniger genervt Zettel mit Nachrichten austauschten. Ein Streitpunkt war die geografische Ausrichtung der Halle. Im Rückblick kommt mir das Ganze total plemplem vor. Aber mitten in einer solchen Auseinandersetzung besteht schon die Möglichkeit, dass man den eigenen Standpunkt sehr, sehr ernst nimmt. Übertrieben ernst. Und im Grunde ist es mir peinlich; wenn ich ehrlich bin, muss ich zugeben, dass unsere jeweiligen Pläne nicht allzu weit auseinanderlagen.

Irgendwann kam ich schließlich zur Vernunft. Und sagte mir, dass meine Pflicht als Mönch darin bestand, den Leuten beizubringen, in Frieden und Harmonie zu leben und sich in Mitgefühl und Nichtanhaftung zu üben. Aber warum bloß schien ich selbst nicht in der Lage, mich entsprechend zu verhalten?

Ich suchte Ajahn Jagaro in seinem Zimmer auf. Möchte man in Thailand jemanden um Entschuldigung bitten, offeriert man der Person traditionell Kerzen, Räucherwerk und Blumen. Also übergab ich Ajahn Jagaro mein Tablett mit den Geschenken. »Ich möchte mich für meine Äußerungen und Handlungen der letzten Tage entschuldigen«, sagte ich zu ihm. »Es tut mir wirklich leid. Wir sollten uns nie mehr streiten.«

Jegliche Spannung entwich aus seinem Körper, ich konnte es direkt beobachten. Er staunte und war tief berührt.

»Allerdings möchte ich dich um einen kleinen Gefallen bitten«, fügte ich hinzu.

Die Weichheit, die von seiner Miene Besitz ergriffen hatte, wich Skepsis und Argwohn. Ich würde ihn doch wohl nicht ausgetrickst haben?

»Ich bin bereit, mich an deine Pläne zu halten. Aber sei du bitte so lieb und überlass mir das Bauen. Ich glaube zwar immer noch, dass deine Vorstellungen in die Irre gehen. Trotzdem möchte ich mich ihnen anschließen. Ich glaube nämlich, dass es eine wunderbare Übung für mich sein wird.«

Er war richtiggehend gerührt. Bestimmt hatte er gedacht, ich würde so etwas sagen wie »Mach, wie du denkst. Aber ich will damit nichts zu tun haben«.

Das ganze nächste Jahr über habe ich an unserer Meditationshalle gearbeitet, gelblich-rosa Ziegel in beigen Mörtel gedrückt. Für die Ziegel hatten wir uns entschieden, weil sie nicht zu teuer waren, aber trotzdem noch ansprechend aussahen. Sie hatten so etwas Bodenständiges. Und ich habe viele Ziegel verbaut. Sehr viele!

Ziegel für Ziegel – endlich quasselte ich nicht mehr nur übers Loslassen, sondern praktizierte es! Denn ich baute etwas, was ich für minderwertig hielt. Aber das spielte keine Rolle. Ziegel für Ziegel lernte ich, dass es nicht darum geht, ein vermeintliches Optimum zu erreichen. Sondern dass man alles so machen muss, wie es am gütigsten, liebenswürdigsten, humansten ist. Während ich Stein auf

Stein setzte, setzte sich diese Erkenntnis in meinem Inneren und wurde zu einer wichtigen Lektion für mich.

Etwa ein halbes Jahr vor seinem Schlaganfall und bevor er mich nach Perth schickte, hat Ajahn Chah gesagt: »Ich habe viele Klöster aufgebaut. Aber nur wenige Mönche. Dabei ist das doch das Wichtigste: Menschen aufzubauen – was sind dagegen schon Tempel!« Als er das sagte, waren seine Stimme und sein Gesicht voller Pathos.

Ich glaube immer noch, dass meine Pläne für den Bau der Meditationshalle richtig waren. Aber bei allem, was wir tun, sollten wir nicht Ideen von richtig oder falsch den Vorrang geben, sondern den Menschen. Und hey: Kerzen, Räucherwerk und Blumen können wir doch eigentlich immer besorgen.

5

## … nichts ist …

Als ich 1973 beschloss, Mönch zu werden, war ich Lehrer. Und da ich weder meine Schüler noch die Kollegen im Stich lassen wollte, beschloss ich, das Ende des Schuljahres abzuwarten, bevor ich nach Thailand aufbrechen und mich so schnell wie möglich ordinieren lassen wollte. Aber wie sagt man doch so schön? Ein guter Mönch lässt sich nicht lange unter der Decke halten (nicht einmal ein angehender).

Und deshalb düste ich tagtäglich vor dem Unterricht in der trostlosen Londoner Dämmerung auf meinem Motorrad zu einem Thai-Tempel, um daselbst am morgendlichen Chanten teilzunehmen. Dabei weckte ich meistens die Mönche, die dort lebten. Während sie sich aus der Koje quälten, hörte ich sie grummeln: *Och, doch nicht* der *schon wieder! Was der bloß für ein Problem hat?*

Die meisten meiner Bekannten waren skeptisch. *Mönch? Du? In Thailand? Garantiert nicht! Das hältst du doch im Leben nicht durch. Wart's ab, im Nu bist du wieder zurück.* Leider sind sie heute fast alle schon tot. Sodass mein *Seht ihr? Ich hab's euch doch gesagt!* mehr oder weniger ungehört verhallt.

In Bangkok erhielt ich die Novizen-Ordination. Danach hatte ich immer wieder ein und denselben Albtraum: dass ich kein Mönch mehr wäre. Meine Erleichterung, meine Freude waren unbeschreiblich, als ich beim Aufwachen meine Roben sah und feststellte, dass ich – ja, tatsächlich! – immer noch Mönch war. Ich hatte einfach nur schlecht geträumt.

Wie ich mir so sicher sein konnte, was den Pfad anging? Was mich dazu gedrängt hatte, diesen Weg einzuschlagen, mich, den ausgebildeten Naturwissenschaftler? An meiner Familie kann es nicht gelegen haben, die hatte mit dem Buddhismus absolut nichts am Hut.

Bei uns im Westen tun sich die meisten sowohl mit der Reinkarnation arg schwer als auch mit den unter der Bezeichnung Karma bekannten Zusammenhängen von Ursache und Wirkung. Ich aber bin fest davon überzeugt, dass die überwältigende Anziehungskraft, die der Buddhismus auf mich ausübte, mit einem früheren Leben zusammenhing. Das Karma war es, das mich dazu gebracht hatte, mir den Kopf zu scheren und die Roben anzulegen, die ich so mag.

Sechs bis acht Wochen nach meiner Ordination als Novize sah ich in der Stadt eine Gruppe überaus dreckig aussehender Mönche, die sich um ihre Visa kümmerten. Es handelte sich, wie ich bald erfuhr, um Dschungelmönche. Das faszinierte mich natürlich – stammte ich doch aus einem ehrenwerten englischen Haushalt, in dem uns die Ohren geschrubbt wurden und wir gesteifte Oberhemden trugen. Zu den Dschungelmönchen gehörte auch Ajahn Sumedho,

Ajahn Brahm

ein Amerikaner circa zwanzig Jahre älter als ich. Ich stellte mich ihm vor und fragte, wie um alles in der Welt er so herrlich verdreckt hatte werden können. Daraufhin lud er mich nach Wat Pah Pong ein, damit ich seinen Lehrer Ajahn Chah kennenlernte.

Von Bangkok aus fuhren wir mit dem Nachtzug sechshundert Kilometer nordostwärts in die tiefste Provinz. Nachdem wir schließlich im Kloster eingetroffen waren, hatte ich von Ajahn Chah zunächst keinen besonders guten Eindruck; jedenfalls faszinierte er mich nicht die Bohne. Für die Gedenkzeremonie zu Ehren seiner kürzlich verstorbenen Mutter bastelte er ein Pappmascheegebirge. Was es mit diesem merkwürdigen Machwerk auf sich hatte, begreife ich bis heute nicht. Ein Pappmascheegebirge? Hallo? Was sollte das denn? Aber das war es eigentlich gar nicht, was mich so störte. Ebenfalls für die Gedenkzeremonie flochten wir Körbchen aus Gras. Ajahn Chah kam zu mir rüber und lobte meine Anstrengungen. Woraufhin ich mich mal umschaute: Mein Körbchen ließ eine Menge zu wünschen übrig, ganz besonders im Vergleich zur Konkurrenz. Ich hatte sehr stark den Verdacht, dass sich Ajahn Chah bei mir einschmeicheln und durch Komplimente beliebt machen wollte. *Was für'n falscher Fuffziger, der Typ!*

Interessant ist, wie es dazu kam, dass ich meine Meinung änderte: Mithilfe eines Dolmetschers stellte Gary aus Los Angeles, ebenfalls ein Mönch, Ajahn Chah Fragen. Ich stand nahe genug dabei, dass ich mithören konnte. Und dann geschah etwas Merkwürdiges. Die Antworten, die Ajahn Chah gab, hatten nichts mit den Fragen zu tun, die Gary ihm stellte, passten aber wie die Faust aufs Auge zu den Dingen, nach denen ich mich innerlich, stumm und rein geistig bei ihm erkundigte!

Anfänglich hielt ich dieses scheinbar telepathische Call-and-Response-Spiel für reinen Zufall. Doch je länger es ging, desto mehr weigerte sich mein naturwissenschaftlich geschulter Geist, es für völlig beliebig zu halten. Gary, der natürlich das Gefühl haben musste, dass Ajahn Chah nicht die Spur auf ihn einging, war völlig perplex.

Und letztlich handelte es sich in der Tat um eine verblüffend schlüssige Darbietung. Als ich fragte, ob ich in Wat Pah Pong bleiben dürfe, sagte Ajahn Chah ja.

Das war der Anfang meiner langen Ausbildungszeit bei meinem Lehrer. Mitsamt meinen Roben, der Almosenschale und einem Moskitonetz zog ich in mein Hüttchen und schloss mich der zeitlosen Klosterroutine an. Auf warmen, pudrigen Sandpfaden wandelte ich durch das klösterliche Dschungelgelände. Täglich stand ich Stunden vor der Morgendämmerung auf, um in der großen, von Kerzenflammen beleuchteten Halle zu chanten und zu meditieren. Einmal die Woche gab ich mir alle Mühe, die ganze Nacht über zu sitzen, was aber selten von Erfolg gekrönt war. Stattdessen nickte ich ein und der Kopf sank mir auf die Brust.

Den Mittelpunkt dieses asketischen, einfachen Lebens bildete eindeutig das Meditieren. Und genau so wünschte ich mir das: weil ich die Glückseligkeit, die ich während meiner ersten Meditationserfahrungen erlebt hatte, wieder und wieder spüren wollte. Die war sogar noch ergreifender und befriedigender als der beste Sex, den meine Freundin und ich damals in Gloucester je gehabt hatten, bevor ich meine klösterlichen Gelübde ablegte. Das Meditieren war viel lustvoller und von weit größerer Nachhaltigkeit. Schon die erste Kostprobe hat mich süchtig danach gemacht. So wurde ich zu dem Meditationsjunkie, der ich auch heute noch bin. Das Meditieren ist sogar noch von größerer Durchschlagskraft als die bedeutendste Kunst. Beethoven mag uns bewegen und den Geist beflügeln. Aber nicht zu transformieren, so wie es beim Meditieren der Fall ist.

Von vierundzwanzig Stunden sollten wir Mönche jeweils nur vier schlafen. Was mir nie richtig gelang (an einem bestimmten Punkt konnte ich mich immerhin auf viereinhalb runterschrauben). Ein zermürbender, anstrengender Lebensrhythmus. Der sich aber ganz anders anfühlte. Meine Grundgestimmtheit war heiter. Unwahrscheinlich glücklich. Im finsteren Dschungel Thailands, physisch und psychisch so weit von England entfernt wie es nur geht, wurde mein Leben zur reinsten Magie: zu einem stetigen Strom von Einsicht, Frieden und Glückseligkeit.

Zu Beginn meines Aufenthalts in Wat Pah Pong schickte mich Ajahn Chah auf eine Mission, die meiner Meditationspraxis echt auf die Sprünge half. Die Bewohner des Dorfes Bung Wai wollten ein Kloster gründen, und zu ihrer Unterstützung entsandte Ajahn Chah sechs von uns westlichen Mönchen. Da wir dort keine Wohngelegenheit hatten, wies er uns die Einäscherungsstätte des Dorfes zum Übernachten zu.

Nachts durften wir (unter Zuhilfenahme von Schirmen) unsere Moskitonetze aufspannen. Schlangen glitten an uns vorbei. Doch nach einer Weile als thailändischer Waldmönch hat man keine Angst mehr vor den Tieren. Und ganz ehrlich: Ich empfand Liebe und Mitgefühl für sie. Selbst für die allgegenwärtigen tödlichen Kobras. Unter uns Mönchen haben wir gewitzelt, dass es in Thailand hundert Schlangenarten gibt: neunundneunzig davon giftig, die hundertste tötet durch Erwürgen.

Im Dschungel ist einmal eine Königskobra vor mir den Weg entlanggeglitten. Mit meinem wissenschaftlich geschulten Blick habe ich ihre Länge abgeschätzt und bin auf etwa fünfzehn Meter gekommen. Ob es sich nicht vielleicht doch eher um ein übernatürliches Wesen gehandelt hat? Ganz sicher bin ich mir nicht.

Zu unserer Unterstützung, und weil er uns sein Interesse an dem Bauprojekt zeigen wollte, kam Ajahn Chah allabendlich zur Einäscherungsstätte, um eine zweistündige Meditation anzuleiten und einen Vortrag zu halten.

Mit dem Meditieren begannen wir um achtzehn Uhr. Was genau der Zeitpunkt war, an dem die Stechmücken aktiv wurden. Da wir aber vollkommen still sitzen mussten und dem Gebot, nicht zu töten, Folge leisteten, konnten wir sie weder entschieden wegwedeln noch eine Fliegenklatsche zum Einsatz bringen. Insektenfallen hatten wir auch keine, und tagsüber durften wir kein Moskitonetz verwenden.

Die Stechmücken fraßen uns bei lebendigem Leib auf. Anders kann man das beim besten Willen nicht ausdrücken. Zu sechzigst oder gar siebzigst hockten sie sich auf mich und labten sich an meinem Blut, bis sich ihre kleinen Körper vollgesogen hatten.

Wir Westler beobachteten voller Bewunderung die Thai-Mönche, die trotz dieser brutalen Angriffe vollkommen still dasitzen konnten und sich anscheinend sogar noch ganz wohl dabei fühlten. Wie gelang ihnen das bloß?

Ich erfuhr die Antwort, wohl oder übel: Nachdem ich von oben bis unten mit Stichen übersät war, konnte ich mich allmählich so intensiv auf mein Inneres fokussieren, dass ich meinen Körper nicht mehr spürte. In diesen zweistündigen Sitzungen brachten mir die Stechmücken bei, meinen Geist vom Umherstreifen abzuhalten. Sobald ich ganz tief in mich versunken war, schienen sie gar nicht mehr da zu sein. Was übrigens keineswegs nur eine Illusion ist. In der tiefen Meditation verlangsamt sich die Atmung so, dass kaum mehr Kohlendioxid aus den Poren entweicht. Und genau dieses vom Körper ausgeschiedene Kohlendioxid ist es ja, das die Mücken anzieht.

Beim Sitzen in der Einäscherungsstätte von Bung Wai lernten wir westlichen Mönche, für Mücken unsichtbar zu werden. Und ich glaube, dass Ajahn Chah seinen Spaß daran hatte, auch wenn er sich nie etwas anmerken ließ.

Überhaupt konnte man nie wissen, was Ajahn Chah vorhatte. Oft reagierte er total unerwartet. Ich habe im Laufe meines Lebens einige Nobelpreisträger kennengelernt, doch verglichen mit Ajahn Chah waren sie intellektuelle Langweiler. Ein Abt hat nur so viel Macht, wie seine Schüler ihm geben. Und zu Ajahn Chahs Schülern gehörten sowohl das thailändische Königspaar als auch die ärmsten Analphabeten vom flachen Land. Er konnte zu allen eine Beziehung aufbauen.

Hier ein unvergessliches Beispiel für seine Unberechenbarkeit. Es ging dabei um einen Exorzismus: In einem vollkommen durchgeknallten Zustand wurde eine Frau zu ihm gebracht; sie fluchte, hatte Schaum vor dem Mund und bewegte sich wild, völlig unkoordiniert. Ajahn Chah warf nur einen kurzen Blick auf sie und sagte dann: »Sie ist von einem höchst gefährlichen Geist besessen. Grabt ein Loch, setzt Wasser auf. Wir müssen sie mit kochendem Wasser übergießen und begraben.«

Die Frau kam auf der Stelle wieder zu sich. Und wenig später saß sie vor Ajahn Chah, nicht mehr besessen, sondern wütend wie nur etwas. Denn sie war tatsächlich der Überzeugung, dass er sie bei lebendigem Leib hatte sieden wollen!

Ich wusste nie, was er als Nächstes tun würde, und er tat oft so, als wäre ich gar nicht da. Unterricht in Form von Einzelgesprächen erteilte mir Ajahn Chah praktisch nie.

Zu einer Ausnahme kam es, als ich schon sieben oder acht Jahre lang Mönch war. Die Verantwortlichen eines seiner westlichen Zweigklöster hatten ihm eine Sauna gekauft – in der Hoffnung, ihn dazu bewegen zu können, dass er einen Vortrag bei ihnen hielt. Zwei Drittel von Ajahn Chahs Lehrreden waren absoluter Blödsinn, hin und wieder aber haute er schon echt einen raus.

Als er gerade aus der Sauna kam, ging ich ihm zufällig entgegen. Gleich würden wir aufeinandertreffen. Da ich in dem Moment sehr stolz war auf meinen friedvollen, reinen Geist, lud ich ihn stumm ein, telepathisch einen Blick in meinen Kopf zu werfen und die makellose Natur meiner grauen Zellen zu bewundern.

Meine Intuition sagte mir, dass uns eine ganz besondere Begegnung bevorstand. Die Begegnung zweier bemerkenswerter Männer. Wie es uns bestimmt war. Ajahn Chah hatte mich auserwählt. Er hielt mich für etwas sehr Bedeutendes, einen Mönch von außerordentlicher Wichtigkeit. Ihm war klar, dass ich hart gearbeitet und all die richtigen Dinge getan hatte. Demnach war es jetzt an der Zeit für eine Übertragung. Ein Moment von großer Tragweite.

Er blieb stehen und sah mich an. »Brahmavamso«, sagte er. »Warum?«

»Ich weiß nicht«, stammelte ich verdutzt.

Er lachte. Wenn man ein Blödmann ist, wird man nicht getadelt. Dann halten sie einen für drollig! Er war auf jeden Fall sehr amüsiert.

»Für den Fall, dass dir diese Frage noch einmal gestellt werden sollte: Die Antwort lautet ›Nichts ist.‹ Verstanden?«

»Ja, ja, ich verstehe.«

Er lächelte mich an und schüttelte den Kopf, wie man es einem Dreijährigen gegenüber machen würde. »Nein, tust du nicht«, gab er zurück.

Ich kam mir total bescheuert vor.

Wo es sich genau abgespielt hat, was mir in dem Moment durch den Kopf gegangen ist – das werde ich alles nie vergessen. Es war die persönlichste Unterweisung, die er mir je erteilt hat. *Nichts ist.* Nichts zu verstehen? Keine Antwort auf die Frage nach dem Warum? Warum nur, um alles in der Welt?

Ein ums andere Mal habe ich seine Worte hin und her gewälzt. Sollte er meine Gedanken gelesen haben – wozu ich ihn ja ausdrücklich eingeladen hatte –, stellte seine

Bemerkung dann womöglich eine Antwort auf das dar, was mir im Kopf herumgegangen war? Die Begegnung ließ mich lange nicht los. Ich brauchte viele, viele Jahre, bis ich ihre Bedeutung entschlüsseln konnte. Und damit will ich es belassen. Überlegen Sie selbst, was es damit auf sich hatte ... ganz so, wie ich es auch getan habe.

Ajahn Brahm

**6**

# Freiland-Frosch:
# ein einfaches Leben in Dankbarkeit

Das Einsammeln von Almosen gehört zu den Grundlagen der thailändischen Waldtradition im Theravada und war schon zu Buddhas Lebzeiten üblich.

Das Entscheidende ist dabei, dass wir alles essen, was in die Schale kommt. Wir haben keine Wahl. Sondern geben die Kontrolle ab und bedanken uns. Wobei diese unsere Dankbarkeit sehr, sehr real ist und wirklich von Herzen kommt. Schließlich dürfen wir ja weder kochen noch sonst wie Essen für uns zubereiten. Und müssten ohne Almosen buchstäblich verhungern. Dass es dazu nicht kommt, verdanken wir allein den großzügigen Spendern der Speisen. Und mit dieser Abhängigkeit von den Almosen geht die Entscheidung für ein Leben einher, das nicht nur demütig macht, sondern zugleich befreiend ist. Manchmal aber auch ganz schön eklig! Ich kann gar nicht sagen, wie oft ich in Nordostthailand Froschsuppe gegessen habe. Aber die Leute dort waren so arm, dass sie uns beim besten Willen nichts anderes hätten geben können.

Das Rezept für Froschsuppe ist ganz einfach: Man

sammele während der Regenzeit aus den Pfützen kleine Frösche. Jedes Exemplar sollte nur so groß sein, dass es gerade noch in einen chinesischen Porzellansuppenlöffel passt. Dann koche man die Frösche in Wasser. Ohne Salz. Ohne Soja. Ohne Chili. Ohne irgendeine Würze. Zum Verzehr gebe man je einen Frosch mit ein wenig Brühe auf den Löffel. Man schließe die Augen, nehme das Tierchen in den Mund und beiße kräftig zu. Ganz schön crunchy, das! Gut kauen. Gegessen wird alles, inklusive der Knochen, Gedärme, Augäpfel und so weiter.

Das nun war für uns die einzige Mahlzeit des Tages – und so erbärmlich, dass ich mir oft auch gar keine zweite mehr gewünscht hätte. Gleichzeitig aber war dieses Leben zutiefst befriedigend. Wir gingen jeden Morgen in der Dämmerung ins Dorf und begaben uns auf unsere Almosenrunde. Wie schon ihre Eltern und Großeltern waren auch die damals jungen Erwachsenen mit diesem Ritual aufgewachsen. Sobald die Sonne aufging, kamen barfuß und im Gänsemarsch die orange gewandeten Mönche mit ihren Schalen aus dem Dschungel gestolpert.

Das Ganze verlief stumm, denn um etwas bitten durften wir nicht. Wir gingen bloß an den Hütten vorbei, und die Bewohner kamen raus, um unsere Schalen mit ihren Gaben zu füllen. Für sie begann jeder Tag mit demselben Ritual: Mönche, die stumm an ihrem Haus vorbeiflanierten.

Ein bisschen Reis. Froschsuppe.

So wie ein Vogel bloß seine Flügel dabei hat, wenn er von Land zu Land fliegt, sagte der Buddha, hat auch der Mönch nur seine Roben und die Schale bei sich. Oder haben Sie

Ajahn Brahm

vielleicht schon einmal einen Vogel mit ein, zwei Koffern über den Himmel ziehen sehen?

Die Bewohner des Dorfes waren Subsistenzbauern, die ausschließlich Reis anbauten. Deshalb gab es für uns auch nie Gemüse. Oder Obst. Es gab keine Mangos. Keine Bananen. Wir aßen Reis und was immer am Boden herumkroch oder -krabbelte. In der Regenzeit gab es kleine Fische voller Gräten. Gekocht. Ohne Salz. Ohne Soja.

Angesichts der vielen Entbehrungen lernten und verinnerlichten wir, was es heißt, Frieden mit dem Leben zu schließen. Gekochter Frosch? Genügt doch. Ameisensuppe? Warum denn nicht? Wir nahmen alles, was wir bekamen, und schulten uns in Zufriedenheit. Wir lernten, nicht um *mehr* zu bitten. Lernten, überhaupt nicht zu bitten.

Wir bemühten uns, pflegeleicht zu sein. Denn es war ja so: Die Dorfbewohner kümmerten sich um unsere körperlichen Bedürfnisse. Und wir betreuten sie auf spirituellem Gebiet. Wir chanteten schon für die Babys im Mutterleib, brachten den Kindern Respekt vor ihren Eltern bei und hielten sie zum Lernen an, später segneten wir ihre Ehen und gaben Ratschläge, wenn es zum Streit kam, wir förderten moralisches Verhalten und gaben Meditationsunterricht, schauten nach Kranken, gestatteten den Alten, sich bei uns im Kloster aufzuhalten, führten Bestattungsrituale durch und begaben uns sogar zum Chanten ins Haus, falls Verstorbene zu Geistern wurden, die sich nicht von ihrer alten Umgebung trennen konnten. Kurz und gut, die Dienste, die wir leisteten, verdienten das Attribut »von der Wiege bis zur Bahre« – und sogar noch darüber hinaus.

Wir waren im uralten Tanz des Gebens und Nehmens miteinander verbunden. Was sich mühelos anfühlte, vollkommen natürlich. Jeden Morgen ging die Sonne auf, und wir begaben uns mit unseren Schalen in der Hand ins Dorf.

Einen höheren Lebensstandard zu haben als die ärmsten unserer Unterstützer schien mir immer moralisch inakzeptabel. Mich als Bettelmönch (dem streng genommen das Betteln allerdings untersagt war) inspirierten der Heilige Franziskus und sein Orden. Besonders mochte ich die Geschichte von der Essenseinladung des Papstes. Einige Stunden vor Franziskus' geplanter Ankunft im Vatikan ging er bettelnd durch die Straßen Roms. Die ergatterten Speisereste teilte er an der Tafel mit den mächtigen Popen.

In einer anderen inspirierenden Geschichte begegnete ein Franziskanermönch auf seiner Almosenrunde einem Bettler, der absolut nichts besaß. Nicht einmal Kleidung! Der Mönch schenkte ihm seine Kutte und kehrte nackt ins Kloster zurück. Als seine Mönchskollegen davon erfuhren, hielten sie ihn für so bewundernswert, dass er sich aus der Kleiderkammer eine neue Kutte holen durfte.

Am nächsten Tag begab sich der Mönch wieder auf seine Runde. Doch inzwischen hatte sich seine Großzügigkeit unter den Bettlern des Ortes herumgesprochen. Einer von ihnen trat sofort auf den Plan – selbstverständlich unbekleidet. Im Handumdrehen war der Mönch seine Kutte los und er im Kloster zurück, wo er zum zweiten Mal eine neue bekam.

Dasselbe geschah am dritten Tag. Diesmal jedoch kam der Mönch nicht ungeschoren davon. Der Abt rief ihn zu

Ajahn Brahm

sich, um ihn lang und breit zu beschimpfen. »Die nutzen dich doch bloß aus!«, rief er. »Weil sie dich nämlich für nicht ganz dicht in der Birne halten«.

Da der Mönch sich nicht verteidigte, entließ ihn der Abt schließlich wieder.

Kurz darauf klopfte es leise beim Abt an der Tür. Der Mönch war zurück – mit einer Tasse heißer Suppe.

»Was soll das denn?«, fragte der Abt.

»Nun, ich dachte, das ganze Schreien und Schimpfen könnte Eurem Hals geschadet haben. Und die warme Suppe wird Eurer Kehle guttun«, antwortete der Mönch.

Anschließend durfte der Mönch so viele Kutten wegschenken, wie er mochte. In den Augen des Abts war er eh unbelehrbar. Die Großzügigkeit des Mönchs war so selbstlos, dass er nie an sich selbst dachte, weder an sein Erscheinungsbild noch an sein Wohlbefinden, und das Mitgefühl, das er dem Abt entgegenbrachte, als dieser ihn ausschimpfte – zu Unrecht, wie viele sagen würden –, war einzigartig. Einfach wunderbar. Er hatte sich offenbar schon so weit entwickelt, dass ihn zu belehren in etwa so sinnvoll gewesen wäre, wie Albert Einstein Physikunterricht zu erteilen.

In althergebrachter Manier essen wir ausschließlich aus unseren Almosenschalen. Dabei gibt es keine Vorspeise, keinen Hauptgang und kein Dessert. Nein, das Curry kommt genauso in die Schale wie eventuelle Süßigkeiten. Erdbeereis auf Spaghetti Bolognese. Was Trends in Sachen Fusionsküche angeht, macht mir so schnell keiner was vor. Aber hey, empfehlen kann ich sie offen gestanden nicht. Ich sage mir zwar immer, dass im Magen sowieso alles zusammenkommt. Aber auf dem Weg dorthin ist der Geschmack oft schon mehr als gewöhnungsbedürftig.

Ich habe einmal von einem Abt in England gehört, der alle Reste der Almosenrunde des Tages in einer großen Schüssel in der Gefriertruhe aufbewahrte. Jeden Morgen wärmte er diese Schüssel auf und gab die neu eingetroffenen Speisereste hinzu. Mit einem großen Löffel rührte er alles um, bis ein ekliger Brei entstanden war. Dann gab er für jeden eine Portion in eine kleinere Schüssel und ließ sie herumgehen. Nach drei Monaten hatten alle Mönche seines Klosters die Robe abgelegt und/oder das Weite gesucht. Diese Art Essen war einfach zu viel für sie gewesen!

Traditionell bestanden die Almosenschalen aus Ton, aber damit war schon lange vor meiner Zeit Schluss. Jene, die ich anlässlich meiner Ordination von einem Sponsor erhielt, bestand aus Eisen. Um ihr eine Schutzschicht aus Eisenoxid zu verpassen, damit sie nicht so leicht rostete, legte ich sie eine Zeit lang in ein großes Feuer. Als Reinigungsmittel eignen sich die Blätter eines bestimmten thailändischen Baumes. Die haben wir zerkleinert und unsere Schalen immer damit sauber gemacht.

Und das war beileibe nicht die einzige Dschungelpflanze, die wir verwendet haben. Tarzan wäre stolz auf uns gewesen! Die Zähne putzten wir uns mit speziellen Hölzern. Die schnitten wir uns in Zahnbürstenlänge zurecht, bearbeiteten die Enden mit einer Art Klopfholz, bis sie platt waren, und zerfaserten sie anschließend, bis so etwas wie Borsten entstand. Das Holz, das leicht bitter schmeckte, hatte angeblich sogar eine therapeutische Wirkung. Wir nannten unsere Bürsten Zahnhölzer und verschenkten sie gern an unsere Lehrer oder vorgesetzten Mönche.

Wir waren alle fehlernährt. Manche erkrankten sogar aufgrund von Ungeziefer. Aber wir überlebten. Und die derbe Ursprünglichkeit unseres Alltags inklusive aller Härten tat unserer Zufriedenheit, unserem Glück keinen Abbruch. Eigentlich vergrößerte sie unser Wohlbefinden eher noch. Wir lebten sehr einfach, mit ganz wenigen Dingen. Hatten immer nur gerade das Nötigste – und kein bisschen mehr. Wie man heute sagen würde, hinterließen wir nur einen »sehr kleinen ökologischen Fußabdruck«. Und fühlten uns beinahe unsichtbar. Leicht, luftig und zeitlos.

Ein einfaches Leben zu führen ist mittlerweile unglaublich schwer geworden. In der heutigen Zeit gibt es einfach kein Verständnis für Schlichtheit mehr. Wir hielten es seinerzeit noch ganz anders: Unsere Frösche waren nicht nur saisonal und regional, sondern auch aus organisch-biologischer »Freilandhaltung«.

# 7

## Geben

Täglich kommen Laien ins Kloster Bodhinyana, um die Mönche mit herrlichen Speisen zu verköstigen – einem großen Büfett, um genau zu sein! Bevor es mit dem Essen losgeht, stellen sie sich in einer Reihe auf und geben jedem Mönch ein Löffelchen voll Reis in seine Almosenschale. Diese Theravada-Tradition reicht bis zu Lebzeiten des Buddha zurück, mehr als 2500 Jahre.

Da wir unseren Geboten zufolge nach zwölf Uhr mittags nichts mehr essen, beginnt das Ritual immer schon um zehn Uhr dreißig. In der Regel kommen vierzig bis fünfzig Personen. Manche Besucher stehen sehr früh auf, um ihre köstlichsten Gerichte für uns zuzubereiten. Andere holen unterwegs Pizza. Es kommen ganze Familien. Für sie ist es ein Ausflug. Warum fahren wir nicht einmal zu diesen netten Mönchen da oben in den Bergen und bringen ihnen was zu essen! Das alles verläuft vollkommen unkoordiniert, ungeplant und spontan. Und trotzdem ist es jeden Tag gleich – Menschen bringen Essen.

Vor langer Zeit, ganz am Anfang, kamen vielleicht eine oder zwei Personen. Mittlerweile gibt es jeden Tag ein Festessen. Warum? Warum kommen die Leute? Und wie kann es sein, dass das alles so unangestrengt abläuft, als unterliege es einem Naturgesetz wie der Fotosynthese, dem Tag-Nacht-Rhythmus oder dem Zu-Boden-Fallen von Regentropfen?

Geben birgt große Freude. Man tut es nicht, weil jemand mit einer Büchse vor einem herumwedelt. Sondern weil es Riesenspaß macht!

Auf dem Flughafen von Singapur habe ich mal eine Frau beobachtet, die sich auf einer Bank liegend hin und her wälzte. Allem Anschein nach versuchte sie, etwas zu schlafen. Passagiere schoben sich in Scharen an ihr vorbei.

Ich tippte ihr auf die Schulter. »Wie wär's damit?«, fragte ich und hielt ihr meinen Augenschirm entgegen.

Sie lächelte mich an, nahm den Augenschirm, bedankte sich.

Und ich war tagelang wie besoffen von der süßen Energie dieses Austauschs.

Schon vor langer Zeit habe ich erfahren, wie viel Energie das Geben gibt.

In Wat Pah Pong mussten junge Männer, die Mönch werden wollten, ihre Roben selbst einfärben. Es war eine Art Initiation, ein Test, ob sie es auch wirklich ernst meinten mit dem Pfad. Ich habe mich diesem Prozess auch unterzogen.

Nachdem man sich die Roben aus weißem Stoff genäht hatte, ging es im Färbeschuppen ans Einfärben. In dieser einfachen Bude mit einer Grundfläche von vielleicht sechs

Ajahn Brahm

Quadratmetern und einem Wellblechdach standen zwei Holzbänke rechts und links von einem irdenen Ofen. Er erinnerte stark an einen aus der Erde von Ameisenhügeln gebauten indischen Tandur. Darauf stand ein großer Eisentopf, dessen Boden mit Asche bedeckt war, damit das Metall nicht überhitzte und rostete.

Vor dem Färben galt es, im Wald Feuerholz zu sammeln und Wasser aus dem Brunnen zu holen. Dann erhitzte man das Wasser und gab Späne von Jackfruit-Ästen und -Zweigen hinzu. Das Ganze wurde ordentlich durchgekocht, damit der Saft austrat, der den Farbstoff bildete. Das Feuer musste am Brennen gehalten, die Konzentration der Farbe verstärkt und die Roben vier- oder fünfmal damit getränkt werden, damit sie die richtige Tönung annahmen, und zwar gleichmäßig. Der Prozess des Färbens zog sich über Tage hin, und man durfte die Roben keinen Moment aus den Augen lassen, damit der Stoff nicht streifig wurde oder das Wasser verdampfte und der Jackfruit-Saft Klumpen bildete. Ständig musste man neues Brunnenwasser hinzufügen und die Roben kneten und walken.

Der Färbeschuppen fungierte auch als Waschküche. Seife hatten wir seinerzeit noch keine, deshalb wuschen wir unsere Roben in einer verdünnten Jackfruit-Lösung.

Unser Brunnen war nicht sehr tief, insgesamt höchstens sechs Meter, würde ich sagen, und der Wasserstand betrug etwa vier Meter. Alle tranken daraus. Und die Wasserqualität ... war ein Glücksspiel.

Beim Wasserschöpfen neigten wir Westler dazu, den Eimer, der an einem Haken am Ende einer langen Bambusstange hing, in den Brunnen fallen zu lassen. Sobald ein paar Eimer darin verschollen waren, musste einer der Haupttäter (nicht selten ich) einen dicken Strick holen und sich von einem anderen Mönch in den Brunnen abseilen lassen. Eine Peinlichkeit, der ich mich nicht nur einmal unterziehen musste. Allerdings wurde sie durch die herrliche Kühle im Brunnen und die Chance, das Gebot zu umgehen, dem zufolge wir nicht schwimmen sollten, mehr als wettgemacht.

In den brutal heißen Tagen und den elend schwülen Nächten während des Einfärbens der Roben bekam man keinen Schlaf.

Eines Abends begab ich mich nach dem Meditieren und Chanten in den Färbeschuppen, wo sich gerade drei junge Mönche bei der Arbeit befanden. Ich erinnerte mich an die Mühen, denen ich mich selbst seinerzeit beim Färben der Roben unterzogen hatte.

»Heute Nacht passe ich auf den Topf mit der Farbe auf«, bot ich an. »Ihr geht und erholt euch ein bisschen.«

Schnell wie der Blitz waren sie verschwunden.

Nach dem Ertönen der Glocke um drei in der Frühe kehrten sie zurück. Ich ging ins »Morgenmeeting« zum Meditieren und Chanten. Sehr überraschend für mich: Obwohl ich die ganze Nacht wach gewesen war, vibrierte ich geradezu vor Energie. Und dieses Hochgefühl hielt auch noch während unserer gesamten Almosenrunde an. Ich fühlte mich so außergewöhnlich gut, dass ich dem Aufsicht führenden Mönch gestand, den Novizen gebotswidrig beim Färben ihrer Roben geholfen zu haben. »Wie kann es sein«, erkundigte ich mich, »dass ich trotzdem so

Ajahn Brahm

voller Energie stecke? Wo ich doch sechsunddreißig Stunden nicht geschlafen habe?«

»Dazu kommt es, wenn man Menschen hilft«, erklärte er mir.

Und ist es nicht herrlich, dass uns etwas, was gewöhnlich erschöpft und auslaugt, stattdessen mit Vitalität und Freude erfüllt? Und zwar sobald wir anderen helfen. Ihnen etwas *geben*.

Jemandem zu helfen vergrößert das Selbstwertgefühl. Es hat etwas Befriedigendes. In einem solchen Moment genießt man das Leben, statt dagegen anzukämpfen. Man empfindet es nicht als desolat, krampfig und nervend, sondern badet in seiner Fülle.

Geben macht Freude. Es prägt den Geist und erleichtert das Meditieren. Um ganz still werden zu können, muss man in der Lage sein, die Aufmerksamkeit aufrechtzuerhalten. Dafür gibt es zwei Möglichkeiten: Entweder man zwingt sich zur Konzentration – was allerdings gewöhnlich schnell müde macht und stresst. Oder aber man lernt, das Freudvolle am jeweiligen Objekt der Beobachtung wahrzunehmen. Das Schöne hält die Aufmerksamkeit ganz wie von selbst wach.

Geben verschönert den Geist. Beim Meditieren betrachten Sie Ihren schönen Geist. Und empfinden tiefe Befriedigung. Sind glücklich, Ihren schönen Geist betrachten zu können, ganz wie ein von einer hübschen Frau verzauberter junger Mann. Sie können den Blick nicht abwenden, und das Meditieren wird zum Kinderspiel!

Ich war erst zwei oder drei Wochen in Wat Pah Pong bei Ajahn Chah und mit der Routine im Leben eines thailändischen Waldmönchs noch nicht sehr vertraut. Täglich gingen wir in der Morgendämmerung ins Dorf und starteten unsere Almosenrunde. Da wir barfuß waren, mussten wir uns bei der Rückkehr ins Kloster die Füße waschen, bevor wir die Meditationshalle betraten.

Wenn Ajahn Chah zurückkam, wurde er immer von einem Trupp Mönche bedrängt, die um die Chance rangelten, ihm die Füße waschen zu dürfen. Als Westler fand ich das einfach nur lächerlich. Das Wasser spritzte in alle Richtungen. Zwanzig Mönche machten sich wie wild an zwei Füßen zu schaffen. Total übertrieben, völlig over the top.

Meine naturwissenschaftliche Vergangenheit zwang mich, diesem seltsamen Phänomen auf den Grund zu gehen. Ich würde, nahm ich mir vor, Ajahn Chah auch einmal die Füße waschen, um herauszubekommen, was das ganze Theater sollte. Dabei war mir bewusst, dass ich schnell und entschieden agieren musste. Ich kam früh von meiner Almosenrunde zurück und hockte mich im Waschbereich hin wie eine Katze.

Als Ajahn Chah zurückkam, sprang ich auf und stürzte mich auf der Jagd nach dem Fuß meines Meisters ins Gedränge. Und erwischte doch tatsächlich einen großen Zeh für mich allein. Einen ganzen großen Zeh von ihm! Und es traf mich mit der Gewalt einer Keule: wie glücklich es mich machte, den großen Zeh eines alten Mönchs zu waschen! Da wurde mir klar, worum es meinen Kollegen ging: Das Vergnügen am Geben ist völlig irrational. Aber auch total real.

Ajahn Brahm

Ein junger Mönch, den ich einmal kannte, flog von Thailand nach Chicago, um seine Familie zu besuchen. Was für ein schwindelerregender Kontrast! In wenigen Stunden aus dem feuchtheißen Dschungel Nordostthailands in den brutalen Winter der amerikanischen Großstadt.

Ich glaube, der Schock war einfach zu viel für ihn. Jedenfalls rutschte er auf einem vereisten Stück Gehweg aus und brach sich ein Bein.

Er kam ins Krankenhaus und der Bruch wurde schnell gerichtet. Als ihn seine Mutter besuchte, strahlte sie ihn mit einem so breiten Lächeln an, wie er es nie zuvor an ihr gesehen hatte. Und das, obwohl er mit einem Gips in der Klinik lag.

Der junge Mönch war völlig von den Socken. »Aber Mom«, sagte er zu ihr, »ich habe Schmerzen. Und dir scheint das direkt Freude zu machen. Aber warum bloß?«

»Weil ich dich jetzt genau da habe, wo ich dich immer hinhaben wollte«, gab sie zurück. »Ich darf dich bemuttern, und du kannst so schnell nicht nach Thailand zurück.«

Nichts macht einer Mutter so viel Freude wie ein vierzigjähriger Sohn mit einem Gipsbein, der nicht weglaufen kann und gewaschen und bekocht werden muss.

Für sie ist Geben ein Privileg. Das größte Privileg überhaupt. Die größte Freude. Und um wie vieles wären wir glücklicher, wenn wir dem Leben gegenübertreten können wie diese Mutter?

Geben Sie, geben Sie, geben Sie. Und lassen Sie auch zu, dass andere Ihnen etwas geben!

**8**

# Hahayana: ein schneller Tritt in den Hintern von Glück und Weisheit

Sowohl der Ehrenwerte Guojun als auch ich wurden in ziemlich jungen Jahren Buddhisten und haben uns nicht nur im Hinblick auf den Dhamma weiterentwickelt, sondern auch hinsichtlich unserer Lehrmethoden.

Ich wurde mit sechzehn Buddhist. Zu der Zeit war ich in London auf der Latymer School und hatte meine erste schulische Auszeichnung bekommen – für das, was gemeinhin als A-Level bezeichnet wird (Advanced Level beziehungsweise General Certificate of Education Advanced Level). Vom Preisgeld konnte ich mir ein Hardcover kaufen. Und da ich mich damals besonders für Mathe interessierte, drängte mich ein Berater, mir eines über mein Lieblingsfach zu kaufen. Also ging ich zu Foyles, einem berühmten Buchladen, und schaute mir die Mathebücher an. Aber die waren so was von langweilig! Zudem kam ich aus einer sehr armen Familie und sah absolut nicht ein, dass ich mein schwer verdientes Preisgeld für Gleichungen und mathematische Lehrsätze ausgeben sollte. Viel mehr stand mir der Sinn nach etwas Ausgeflipptem, leicht

Anrüchigem. Die Esoterik-Abteilung von Foyles befand sich im ersten Stock des Nebengebäudes. Da ging ich hin.

Ich blätterte Bücher über Buddhismus durch, zum Beispiel Lobsang Rampas *Das Dritte Auge*. Der Autor behauptete, die Reinkarnation eines tibetischen Rinpoche zu sein. (In Wirklichkeit war er Klempner und lebte in Irland.) Das Buch war wirklich faszinierend geschrieben. Wie Carlos Castaneda war auch Rampa (eigentlich Cyril Henry Hoskin) sowohl Fantast als auch ein fantastischer Schriftsteller.

Ich entschied mich dann für eine allgemeine Einführung in den Buddhismus. An ihm gefiel mir, dass er keinen Gott kannte und dass so großer Wert auf Güte und Mitgefühl gelegt wurde. Und auch die Idee der Reinkarnation fand ich cool. Denn warum sollte man sich ausgerechnet das menschliche Leben als gerade Linie mit Anfang und Ende vorstellen? Alles, was ich aus den Naturwissenschaften kannte, war eher kreisförmiger Natur. Die Erde: eine Kugel ohne Kanten. Das Universum: gekrümmt und grenzenlos. Selbst die Jahreszeiten folgten einander kreisförmig. Warum also sollte es sich mit dem Leben anders verhalten?

Was für eine Sorte Buddhist ich wurde, war mir wurscht. In den frühen Siebzigern gab es in Britannien eh noch keine große Auswahl. Und so besuchte ich alles, was irgendwie mit dem Dhamma zu tun hatte. Ein Vortrag, den ich hörte, stammte von einem japanischen Zen-Meister, der praktisch kein Englisch konnte. Doch trotz seines beschränkten Vokabulars beeindruckte er mich durch die Eloquenz, die er an den Tag legte. So antwortete er etwa auf die Frage, wie er den Buddhismus in England einschätzte: »Bücher, Bücher, Bücher. Viel zu viele! Müllkippe!«

Wenig später beschloss ich, Mönch zu werden. Und es mag sich allzu simpel anhören, aber dass ich mich für die thailändische Waldtradition entschied, lag daran, dass deren Mönche am meisten lächelten. Es hatte also nichts mit Philosophie zu tun, sondern einfach mit der Tatsache, dass sie lächelten. Sie waren glücklich. Ihre lächelnden Gesichter sprachen mich an, und so begann ich mich für das zu interessieren, was ich Hahayana nenne, mein Fahrzeug auf dem buddhistischen Pfad.

Kein Mahayana, Hinayana, Theravada, Mantrayana. Sondern *Hahayana*.

In meinen buddhistischen Anfängen empfand ich mich schon allein deshalb nicht als Angehörigen einer »Sekte«, weil es in dem Teil Thailands, in dem sich Wat Pah Pong befindet, keine anderen buddhistischen Strömungen gab! Und ja: Wir waren dort schon sehr isoliert. Später dann, als ich anfing zu reisen, traf ich auch Mönche, die anderen Traditionen angehörten. Heute bin ich natürlich sehr viel unterwegs und halte mich auch oft in anderen Tempeln auf. Wir organisieren Veranstaltungen zusammen und schließen wunderbare Freundschaften. Jeder Tempel von Freunden ist für mich wie mein eigener. Ich sehe gar keine Differenzen mehr. Wir tragen einfach nur unterschiedliche Roben: derselbe Kuchen mit einer anderen Glasur.

Im Hahayana kommt alles Freudvolle und Beglückende am spirituellen Pfad voll zum Ausdruck. Viel zu lange hatte man mir eingetrichtert, dass der spirituelle Pfad etwas Trockenes, Intellektuelles und die Weisheit kühl sei. Doch ich konnte mich mit eigenen Augen davon überzeugen, dass in den Händen großer Meister die Weisheit warm und humorvoll ist. Und dass sie immer und unter allen Umständen den Primat von Beziehungen anerkennt. Es geht ihr um den Aufbau warmer, erhebender und von Heiterkeit getragener Verbindungen. Und auch darauf besteht die Weisheit: dass es nie um mich geht oder um Sie, sondern immer, immer, immer um *uns*.

Und wenn Religion die Beziehung der Menschen zur Wahrheit bezeichnet: Warum sollte diese Beziehung dann nicht auch lustig sein können? Keinen Spaß machen? Genau so ist es nämlich in Wirklichkeit. Diese Beziehung ist tatsächlich freudvoll. Vergnüglich. Und nicht etwa irgendwie larifari erfreulich, sondern auf bedeutsame Art und Weise.

Die Leute nehmen unsere Angebote wahr – besuchen zum Beispiel unsere Kurse und Vorträge –, weil sie der Weisheit näherkommen wollen. Und beim Abschied sind sie nicht nur weiser, sondern auch glücklicher als zuvor.

Und genau so könnte man auch die Liebe definieren: als Zusammentreffen von Glück und Weisheit.

Finden auch Sie heraus, was sich für Sie persönlich richtig anfühlt – und Sie entdecken die Kraft des Hahayana.


Als ich anfing, die vier edlen Wahrheiten im Westen zu lehren, begann ich, wie man sich leicht vorstellen kann, mit der ersten: dass Leben Leiden ist. Was viele Zuhörer, wenn nicht die meisten, dazu brachte, den Raum zu verlassen. Denn Leiden hatten sie auch so schon genug, zu Hause, bei der Arbeit. Bitte nicht noch mehr davon, sagten sie. Danke, aber danke *nein*.

Mhm, überlegte ich. Effektiv geht irgendwie anders …

Und dann kam ich auf die Idee, mir ein Beispiel an guten Marketingleuten zu nehmen und die attraktiven Seiten der vier Wahrheiten an den Anfang zu stellen. Also änderte ich die Reihenfolge.

Ich begann mit Nummer drei, der »Aufhebung des Leidens«. Was ist das Ende des Leidens? Glück. Zufriedenheit. Und sobald ich *darüber* sprach, hörten die Leute zu und blieben.

Aus der zweiten edlen Wahrheit – der Ursache des Leidens – wurde die Ursache von Glück und Zufriedenheit. Dann räumte ich ein, dass wir zweifellos alle mitunter unglücklich sind – die erste Wahrheit. Und warum ist das so? Ich erklärte, dass wir unglücklich sind, weil wir dem Leben Dinge abverlangen, die es uns nicht geben kann. Und zu guter Letzt deutete ich einen Lösungsweg für dieses Dilemma an, die vierte edle Wahrheit, den Pfad des Buddhismus.

Ich halte diese Neuordnung der vier edlen Wahrheiten immer noch für gerechtfertigt. Freunde von mir, die in der Werbung tätig sind, bestätigen, dass sie so viel attraktiver sind: dasselbe Produkt, nur in neuer Verpackung.

Im Buddhismus ist es entscheidend, sich nie an einen bestimmten Weg oder ein bestimmtes Verfahren zu klammern. Und rebellische Tendenzen hatte ich schon früh herausgebildet. An der Wand des Instituts für Physik der Cambridge University, an dem ich studierte, standen die Worte »Das Ansehen großer Naturwissenschaftler bemisst sich daran, wie lange sie den Fortschritt auf ihrem Fachgebiet aufhalten«.

Wenn wir uns zu sehr auf eine bestimmte Lehre versteifen, beschneiden wir unsere Erkenntnisfähigkeit. Unsere Kreativität. Unser Vermögen, Neues zu entdecken. Zu spielen. Spaß zu haben.

Genau dieser Geist herrschte bei mir am Institut. Mir wurde beigebracht, mich an keine bestimmte Theorie oder Schule zu klammern, sondern stets zu zweifeln. Zu verändern. Außerordentliches hervorzubringen. Vorzupreschen und neu zu definieren.

Mit diesem Ansatz ging (und gehe) ich auch an den Buddhismus heran. Orthodoxien aller Art stehe ich noch heute skeptisch gegenüber.

Es heißt ja immer, nicht im Schatten großer Persönlichkeiten solle man stehen, sondern auf ihren Schultern.

Ich dagegen sage: Nein, stellen wir uns ruhig in ihren Schatten. Dann treten wir ihnen in den Hintern und schicken sie in die Wüste.

Ein schneller Tritt in den Hintern. Das Zusammentreffen von Glück und Weisheit. Das ist Hahayana!

# *Nach* der Entscheidung
# spielt die Musik

Es verblüfft mich immer wieder, was für einen Kopf sich die Leute machen, wenn sie eine Entscheidung treffen müssen. Biege ich rechts ab oder links? Gehe ich da- oder dorthin? Tue ich dies oder das?

Ständig kommen Leute zu mir und fragen: »Ich bin verliebt, kann mich aber nicht entscheiden, ob ich heiraten soll oder lieber nicht.«

»Die Frage ist eigentlich gar nicht so relevant«, antworte ich dann meistens. »Viel wichtiger ist, was *danach* kommt. *Nach* der Entscheidung.«

Je gewichtiger die Entscheidung, desto größer auch das Kopfzerbrechen. Das Für und Wider der verschiedenen Optionen abzuwägen kostet unglaublich viel Energie. Wir alle versuchen die Zukunft vorherzusagen, nicht viel anders als die Wahrsagerinnen mit ihren Kristallkugeln. Wir treffen Entscheidungen, als hinge unser Lebensglück davon ab. Kein Wunder, dass wir in dem Moment, in dem die Wahl schließlich getroffen ist, nicht mehr genug Energie haben, sie auch praktisch umzusetzen!

Sparen wir unsere Energie also lieber für die Zeit *nach* der Entscheidung. Und sorgen auf diese Weise dafür, dass sie sich wirklich als die richtige erweist.

Mit der Frage der Frauenordination hätte ich mich ewig herumschlagen können: »Soll ich oder soll ich nicht?« Ich wusste genau, dass mir ein praktiziertes Ja Unmengen Ärger einbringen würde. Aber mein Herz sagte mir nun einmal, dass ich im Grunde gar keine Wahl hatte: Die Vollordination von Frauen war einfach richtig. Punkt. Wenn Kopf und Herz widerstreitende Auffassungen vertreten, sollten wir immer auf das Herz hören.

Wie gesagt: Die eigentliche Arbeit beginnt erst *nach* der Entscheidung. Und ein Teil dieser Arbeit besteht darin, der allzu menschlichen Versuchung des Zurückblickens zu widerstehen. Dass man also nicht ständig an das »Was wäre gewesen, wenn« denkt: Was wäre gewesen, wenn ich mich anders entschieden hätte? Mit jemand anderem die Ehe eingegangen wäre? Einen anderen Job angenommen hätte?

Diesem »Was – wenn« können wir nicht auf die Spur kommen. Was wirklich geschehen wäre, erfahren wir nie.

Gönnen wir der Vergangenheit ihre Ruhe. Ständig an ihr herumzudeuteln ist nichts als eine selbst verschuldete Tortur und totale Zeitverschwendung. Mit dem Leben Frieden schließen können wir erst, wenn wir aufhören, uns mit dem Wäre-Gewesen, Hätte-sein-Können und Hätte-sein-Sollen aufzuhalten.

Also vertrauen Sie Ihrem Herzen, wenn Sie eine Entscheidung treffen. Und konzentrieren Sie Ihre Energie anschließend darauf, diese Entscheidung zur richtigen zu *machen*.

Ajahn Brahm

# TEIL II

## Fliegendes Weiß

### MASTER GUOJUN

# 10

# Adlerholz: die Transformation der Gifte

Zum Verhängnis wurde mir ein unbezahlbares Stück Adlerholz.

Adlerholz entstammt dem infizierten Kernholz einer in Südostasien heimischen Familie immergrüner Laubbäume. Als Reaktion auf den Befall mit einem bestimmten Schimmelpilz produzieren diese Bäume ein dunkles Harz. Das für seinen Duft geschätzte Adlerholz wird zur Herstellung von Parfum verwendet. Doch es verfügt noch über weitere außergewöhnliche Eigenschaften: Das harzreiche, kristallisierte Kernholz ist ausgesprochen hart und dicht – so dicht, dass es in Wasser nicht schwimmt, sondern sinkt. In den Wüstenkulturen des Nahen Ostens wird es in pulverisierter Form für aromatische Körpereinreibungen verwendet. In Asien schnitzt man traditionell heilige Kultgegenstände daraus.

2010 erzielte ein Stück wild wachsendes (im Gegensatz zu angebautem) Holz den erstaunlichen Preis von eintausend Dollar pro Kilogramm. Der Wert des Adlerholzes bestimmt sich nach Alter des Baumes sowie Qualität und Menge des Harzöls. Die ursprüngliche wild wachsende Population nimmt seit geraumer Zeit ab; heute gehört

Adlerholz zu den wertvollsten natürlichen Substanzen, die es auf unserem Planeten überhaupt nur gibt. Und da die natürlich wachsenden Bäume (zwecks Herstellung von Räucherwerk) zunehmend zu Spänen verarbeitet werden, wird Adlerholz immer seltener.

2006 besuchte ich zusammen mit meinem Freund und Mitmönch Dahui die Stadt Putian in Südchina, um dort drei Statuen in Auftrag zu geben. Gedacht waren sie für die Halle des Allgemeinen Lichts im Erdgeschoss von Mahabodhi, dem singapurischen Kloster, mit dessen Umbau ich damals gerade angefangen hatte. Die drei riesigen Statuen, jeweils mehrere Tonnen schwer, wurden nach meinen Vorgaben aus angeblich 1400 bis 2000 Jahre alten Stücken vom Kampferbaum geschnitzt. Der Kampferbaum wurde nicht allein seiner Größe wegen gewählt, sondern auch aufgrund anderer Eigenschaften: Sein intensiver Geruch hält Insekten, Pilze, Schimmel ab, außerdem wirkt Kampfer entzündungshemmend.

Bei den Bildhauern von Putian sah ich zum ersten Mal Adlerholz – ein beeindruckendes Stück, etwa zwei Meter lang, einen knappen Meter breit und fünfundvierzig Zentimeter hoch. Über vierhundertfünfzig Kilogramm muss es gewogen haben. Ich beugte mich vor, um die kompliziert geschnitzten Götterfiguren zu betrachten, von denen einige, wie mir auffiel, in meiner persönlichen Praxis eine Rolle spielen. So etwa Mahamayuri Vidyarajni, ein auf einem weißen Pfau sitzender Bodhisattva. In China steht der Pfau für Transformation. Er verzehrt giftige Insekten und Würmer, und je mehr Gift er dabei zu sich nimmt, desto strahlender und glänzender wird seine Federschleppe. Dies ist ein Symbol für den Versuch, das Negative in uns – die drei Geistesgifte Zorn, Unwissenheit, Gier – in etwas Schönes, Nützliches, Reines zu verwandeln. Das Pfauenrad mit seinen vielen Augen steht für die Augen des Bodhisattva, der in alle Richtungen sehen kann. Die tausendäugige Verkörperung des Mitgefühls blickt überall hin, selbst in die dunkelsten, verwinkeltsten Ecken, um nach empfindenden Wesen zu suchen, denen bei der Linderung ihres Leidens geholfen werden kann. Der Legende zufolge wurde Mahamayuri von Jägern, die ihm auf den Fersen waren, mit einem Netz eingefangen. Ich rezitiere oft das Mantra, das er verwendete, um sich daraus zu befreien. Das Netz ist natürlich das Netz des Leidens, in dem wir gefangen sind, solange wir noch nicht genügend Achtsamkeit aufbringen.

Eine weitere Schnitzerei in dem Adlerholz zeigte Acala, eine zornige Gottheit mit einem grimmigen Gesicht. Als einer der fünf Weisheitskönige gehört auch er zu den Göttergestalten, die Teil meiner persönlichen Praxis sind. Acalas Name bedeutet »unbeweglich«, weil seine Weisheit unerschütterlich ist. In der einen Hand hält er ein Schwert, mit dem er alle geistigen Verunreinigungen durchschneidet, mit der anderen schwingt er ein Seil wie der Cowboy sein Lasso. Denn unser Geist verhält sich wie ein wildes Pferd, das eingefangen, beruhigt und eingefriedet werden muss.

Eine weitere Gottesfigur in dem Adlerholz war Ucchusma; aus dem Chinesischen übersetzt bedeutet der Name: »ohne Angst vor Schmutz«, eine Manifestation des Buddha Shakyamuni. Nachdem der Buddha zur Erleuchtung gelangt war, kamen die Himmelswesen, um ihm ihren Respekt zu erweisen und sich zu freuen – alle außer einem:

Der Brahma-König mit dem schneckenförmigen Knoten auf dem Kopf vergnügte sich mit seinen Gefährtinnen in seinem Himmelspalast. (Da bei einem Knoten die Haare verdrillt sind, steht diese Frisur symbolisch für bevorstehende Verwicklungen.) Empört, dass er dem Buddha den nötigen Respekt verweigerte, planten die Himmelswesen, den Brahma-König aus seiner Bleibe zu holen. Doch er verpestete seinen Palast mit so viel Schmutz und üblen Gerüchen, dass sich niemand hineintraute. Da erschien Ucchusma, und zwar aus dem Herzen des Buddha. Unbeeindruckt von all dem Dreck und Gestank packte er den Brahma-König und zerrte ihn zur Erde hinab, damit er sich dem Buddha zu Füßen warf.

Dahui bekam mit, wie sehr mich das Adlerholz ansprach.

»Wenn es dir so gefällt, dann kauf es dir doch«, sagte er.

»Du machst wohl Witze! Das ist doch viel zu teuer!«

»Ich wüsste da eine Möglichkeit«, gab Dahui zurück. Einer seiner Anhänger, ein Geschäftsmann, der hauptsächlich in Hotels und Textilfabriken investierte, kannte mich auch und hatte schon Teachings von mir gehört. An ihn wandte sich Dahui nun mit der Bitte, das Adlerholz für mich zu kaufen, damit wir es im Mahabodhi-Tempel aufstellen konnten. Der Geschäftsmann war sehr froh, uns den Gefallen tun und sich die Verdienste erwerben zu können, die sich aus einem derart großzügigen Geschenk ergaben. Für etwa 60 000 Singapur-Dollar kaufte er das Stück Holz und überließ es mir als Geschenk.

Zwei Jahre vergingen. 2008 wurden in Putian die Kampfer-Buddhas für die Haupthalle im Mahabodhi fertiggestellt.

Master Guojun

Während ich mich mit meiner Sangha auf einer Pilgerreise in China befand, bat ich den Hersteller, das Adlerholz einem Schüler von mir zu schicken, der sich bereit erklärt hatte, es so lange für mich aufzubewahren, bis das Kloster neu aufgebaut war und wir einen passenden Platz für die Kostbarkeit gefunden haben würden. Als wir das dann aber alles endlich geschafft hatten und nur noch auf die Schnitzerei warteten, wurden die Eigentumsrechte an dem Holz plötzlich infrage gestellt. Was zu Gerichtsverfahren, dem Vorwurf finanzieller Unregelmäßigkeiten, und zwar frei erfundenen, nichtsdestoweniger schädigenden Unterstellungen sexueller Verfehlungen führte – die in der Presse Singapurs natürlich ordentlich breitgetreten wurden.

Mein Name und mein guter Ruf wurden durch den Schmutz gezogen. Ich habe zahllose Stunden damit verbracht, Dokumente vorzubereiten, und enorme Geldsummen für Anwaltshonorare aufgebracht, um meine Verteidigung vor Gericht zu bezahlen. Mittendrin habe ich Singapur verlassen und bin durch China gereist. Ich spielte ernsthaft mit dem Gedanken, mein Amt als Abt von Mahabodhi niederzulegen. Ja sogar die Roben abzulegen. Mitglieder meiner Sangha haben mich überzeugt, ins Kloster zurückzukehren, und so merkwürdig es sich auch anhören mag: Die ganze Angelegenheit hat schließlich sogar zur Erneuerung meiner Bodhisattva-Gelübde geführt.

Ursprünglich gründete der Buddha die Sangha aus Mönchen, Nonnen, Laien männlichen und weiblichen Geschlechts als Reaktion auf Mara, den Versucher, der Buddhas Erleuchtung anerkannte und ihn bedrängte, diese

Welt und mit ihr den Kreislauf von Geburt und Tod für immer zu verlassen. Einigen Quellen zufolge räumte Mara angesichts von Buddhas Erwachen zwar seine Niederlage ein, drohte jedoch auch damit, seine Kinder und Kindeskinder als Buddhisten verkleidet in die Sangha einzuschleusen, damit sie sie zerstörten. Woraufhin der Buddha ganz still und traurig wurde – so traurig, dass er sogar anfing zu weinen. Schließlich hellte sich seine Miene aber wieder auf.

»Dann werden deine Nachkommen karmisch mit dem Dharma verbunden sein«, sagte er Mara. »Weil du ihrem Bewusstsein die entsprechenden Samen eingepflanzt haben wirst. Sodass auch sie in ihrem künftigen Leben Buddhisten sein und vielleicht sogar Buddhaschaft erlangen werden!«

Nachdem er diese ultimative Wahrheit vernommen hatte – dass nämlich die uns angeborene Güte und Weisheit letzten Endes triumphieren werden –, wurde Mara fuchsteufelswild.

Das Gericht entschied, das Adlerholz müsse dem Kloster Mahabodhi zurückgegeben werden. Ich ließ es im Konferenzraum aufstellen. Das Holz war schnell im Wert gestiegen – er betrug jetzt Millionen. Ich beschloss, es Dahui zu übergeben, damit er es verkaufen und den Erlös seiner Wohltätigkeitsarbeit für Kinder mit Gaumenspalten und ähnlichen gesundheitlichen Beeinträchtigungen in Vietnam zuführen konnte.

Ich persönlich arbeite auch weiterhin mit dem Bodhisattva Mahamayuri, der auf einem weißen Pfau sitzt und sich aus dem Netz des Jägers befreit hat, sowie mit

Ucchusma, der »keine Angst vor Schmutz« hatte und den Brahma-König mit dem Haarknoten aus seinem verdreckten Palast gezerrt hat, damit er sich vor dem Buddha verneigte.

Mir ist klar geworden, dass ich wie das Adlerholz werden muss, dessen herausragende Eigenschaften erst entstehen, wenn das Kernholz des Baumes angegriffen wird. So ist das Leben. Wenn man gebissen, von einem Insekt gestochen oder mit dem Messer attackiert wird, produziert der Körper eine schützende Substanz. Das ist eine vollkommen natürliche Reaktion. Und sofern wir diesen Prozess aus dem richtigen Blickwinkel heraus angehen, kann besagte »Substanz« auch sehr wertvoll sein. Unsere Lebenserfahrungen prägen uns und machen uns zu den Menschen, die wir sind. Auf diese Weise wachsen wir, reifen und transformieren uns. Der Pfau schlägt sein Rad. Aus dem Gift, das er aufnimmt, macht er leuchtende Augen: Unsere Augen öffnen sich für das Leiden anderer. Falsch beschuldigt, unsittlichen Verhaltens geziehen und dem Vorwurf ausgesetzt, meine Gelübde gebrochen zu haben, erinnerte ich mich an den Dharma des Adlerholzes: Wird der Baum angegriffen, schlägt er nicht zurück, sondern macht aus dem Gift in seinem Inneren etwas herrlich Duftendes, Kostbares und Schönes.

# 11

# Fliegendes Weiß: einzigartig und nicht reproduzierbar

Bei meinem Ordinationsmeister Songnian habe ich zwar die Grundlagen der Kalligrafie gelernt, aber hat er mich eigentlich nie etwas schreiben lassen. Stattdessen mischte ich seine Tinte an, schnitt das Papier für ihn, legte seine Werkzeuge bereit. Und er führte mich in die Essenz dieser Kunst ein – ihren Geist.

Die Regierung Singapurs betrachtete ihn als lebendigen Nationalschatz, und unter Sammlern und Kennern waren seine Arbeiten heiß begehrt. Wäre er länger am Leben gewesen, hätte er mich vielleicht irgendwann noch gelehrt, den Pinsel zu führen. Doch leider verstarb er, bevor ich auch nur einen Strich aufs Papier bringen konnte. Den Samen aber hatte er ausgebracht. Als wir 2009 mit dem Wiederaufbau vom Mahabodhi begannen, war es mir ein Anliegen, Songnians Vermächtnis zu bewahren und dafür zu sorgen, dass seine Ordinationslinie nicht abriss. Deshalb beschloss ich auch, das Kalligrafieren zu erlernen und die von ihm so geliebte Kunstform, in der er es zur Meisterschaft gebracht hatte, weiterzuführen.

Der Kalligraf, bei dem ich Unterricht nahm, ein altmodischer, traditionsbewusster Lehrer, streng und sehr konfuzianisch in seinem Denken, war eng mit Songnian befreundet gewesen. Für ihn stellte die Kalligrafie eine direkte Verbindung mit tausendjährigen Traditionen dar.

In den ersten zwei oder drei Jahren schrieben seine Schüler nur ihren Namen, nichts anderes. »Wie wollt ihr kalligrafieren, wenn ihr nicht einmal in der Lage seid, eure Unterschrift zu leisten?«, fragte er sie rhetorisch. Für mich allerdings machte er eine Ausnahme und gewährte mir größere Freiheit im Ausdruck.

Als ich das Projekt des Mahabodhi-Neuaufbaus in Angriff nahm, hatte ich keine Ahnung, worauf ich mich da einließ. Denn nicht lange, und ich war eigentlich nur noch am Geldauftreiben; wir brauchten einfach Kohle. Und da ich eben ein bisschen Übung im Kalligrafieren hatte, dachte ich, könnte ich es ja damit versuchen. Im Zuge einer Spendenaktion kündigte ich an, für Interessierte künftig Sutras abzuschreiben; die Kalligrafien würden dann in den Beton eingebracht werden, aus dem das Gebäude entstehen sollte. So ist ganz Mahabodhi von diesen Sutras und den guten, unterstützenden Energien der Sponsoren umhüllt.

Zwei Jahre habe ich an diesem Projekt gearbeitet und in der Zeit kaum geschlafen. Es war der reinste Marathon. Der Neubau stand noch nicht, als meine Augen schlechter wurden. Es war, als müsste ich durch einen immer dichter werdenden Nebel schauen, der mich alles verschwommen sehen ließ und die Sonne verdunkelte. Mit meinem

Master Guojun

rechten Auge sah ich manchmal nur noch eine schwarze Wand. Am Tag bevor die große Buddha-Statue in der Haupthalle aufgestellt wurde, suchte ich einen Augenarzt auf. Er diagnostizierte eine Netzhautablösung und 75-prozentige Blindheit auf dem rechten Auge. Wollte sofort operieren. Doch ich sagte, das müsse warten, bis die Statue an Ort und Stelle sei.

Er war entsetzt. »Wollen Sie etwa Ihr Augenlicht verlieren?«

»Ich habe zehn Tage auf den Termin bei Ihnen gewartet. Auf einen mehr oder weniger wird es da jetzt wohl auch nicht mehr ankommen. Außerdem … Sollte ich tatsächlich auf einem Auge blind werden, habe ich ja immer noch das andere«, erwiderte ich.


Beim Kalligrafieren, als ich vielfach Mantras und Sutras abschrieb, fiel mir auf, dass kein Wort und keines meiner Schriftzeichen je immer genau gleich aussahen. Jedes Mal unterschieden sie sich ein bisschen. Und alle hatten eine kleine Macke, perfekt waren sie nie. Je mehr ich mit dem Pinsel arbeitete, desto flüssiger schrieb ich. Doch obwohl ich im Fluss war, blieb das Gefühl, dass ich es nie zur Vollendung würde bringen können. Das verlor sich nie. Eher im Gegenteil, es wurde eigentlich immer stärker. Mir wurde klar, dass es gerade die Einzigartigkeit und die Mängel der Schriftzeichen waren, die ihre Schönheit ausmachten. Das öffnete mir auch die Augen für das Schöne in all der Einzigartigkeit und Unvollkommenheit der Menschen, denen wir die ganzen Spenden verdankten. Mahabodhi ist in die Weisheit des Dharma gehüllt, und seinen stärksten

Ausdruck findet dieser Dharma in unserem zerbrechlichen, unvollkommenen Menschsein.

Dieser Erkenntnis entspricht der kalligrafische Fachausdruck *fliegendes Weiß*: die bewusste Befürwortung der Unvollkommenheit, die entsteht, wenn zu wenig Tinte am Pinsel ist beziehungsweise er mit ungenügendem Druck oder ungleichmäßig geführt wird – was weiße Stellen innerhalb des Strichs oder an dessen Ende zur Folge hat. Die Pinselstriche beim Kalligrafieren haben tatsächlich einiges mit dem Fliegen gemein: Sie beginnen in der Luft und landen in einer einzigen flüssigen Bewegung auf dem Boden, dem Papier. *Fliegendes Weiß* ist in der Entwicklung der Kalligrafie ein noch relativ junges Phänomen. Man könnte, wenn man so will, von einer romantischen Schule des Schreibens sprechen, die eine Art von Spontaneität und emotionaler Kraft feiert, welche von den klassischen Schulen als allzu individuell und expressiv abgetan würde.

Das fliegende Weiß deutet auf zweierlei hin: sowohl auf unsere Handicaps als auch auf unsere Sehnsüchte. Es verweist auf das Unaussprechliche, das Transzendente. Auf das Fehlende. Es zeigt sich offen für Interpretationen, für Interaktion und Verbundenheit zwischen dem Künstler und dem Betrachter der Kunst. Vorhersehen kann man das Entstehen von fliegendem Weiß nicht – es geschieht einfach. Es hat etwas Freies. Das nicht eingeübt werden kann. Es verhält sich damit wie mit den Streifen des Tigers. Sie sind nie gleichmäßig angeordnet, ähneln einander nicht wie ein Ei dem anderen. Vielmehr tragen sie den Stempel der Schöpfung, deren verschiedene Ausformungen sich alle als einzigartig und nicht reproduzierbar präsentieren.

Diese Streifen sind ebenso überwältigend wie singulär. Und eines weiß ich mittlerweile: Im Leben wie in unseren Beziehungen gibt es sehr viel fliegendes Weiß.

Nach der Netzhaut-OP hatte ich noch zwei weitere chirurgische Eingriffe an den Augen, wegen grauen Stars. Heute sehe ich nur noch unscharf und leicht verzerrt. Kalligrafieren kann ich deshalb nicht mehr. Aber alles, was ich optisch wahrnehme, ist von größter Schönheit.

# 12

# Heheyana: nur bitte keine Erwartungen!

Wir Menschen sind nicht nur Gewohnheits-, sondern auch Erwartungstiere. Haben stets genaue Vorstellungen davon, wie sich das Leben entfalten soll. Genauso mit der spirituellen Praxis. Doch wenn wir unbedingt und unter allen Umständen beim Üben erleuchtet werden wollen, wird daraus garantiert nichts. Denn dann geht es mehr um unsere Erwartungen als um den gegenwärtigen Moment und das, was sich in diesem Augenblick abspielt.

Wenn das Leben nicht erwartungsgemäß verläuft, liegt es immer daran, dass wir nicht tun, was nötig wäre. Solange wir voller Erwartungen stecken, positiven oder negativen, können wir weder im Hier und Jetzt leben noch adäquat reagieren. Genauso ist es auch mit Beziehungen. Erwarten wir uns etwas von ihnen – projizieren also etwas in sie hinein –, sind wir zu keinen wahren Interaktionen mehr imstande. Befinden uns nicht im gegebenen Moment, reagieren nicht auf die Angebote, die uns das Gegenüber unterbreitet. Was noch dadurch verkompliziert wird, dass diese andere Person ja ebenfalls eigene Erwartungen hat. Unter solchen Umständen fehlt es unseren Interaktionen an wahrer Intimität, und die Erwartungen vernebeln uns die Sinne.

Nicht anders verhält es sich auch mit unserer Übungspraxis. Wer sich von Erwartungen leiten lässt, ist nie im gegenwärtigen Moment, lebt nicht den Chan. Fragen wir einen Chan-Meister: »Haben Sie mit Ihrem Erwachen gerechnet?«, wird er unweigerlich mit »Nein« antworten. Denn es kommt immer, immer, immer total überraschend.

Um meinen Schülern diesen Punkt zu illustrieren, erzähle ich ihnen gern die Geschichte eines Chan-Meisters, der das praktizierte, was Ajahn Brahm Hahayana nennt und ich Heheyana. Dieser Meister war von eher kleinem Wuchs und leicht dicklich, hatte einen großen runden Kopf, hängende Schultern und buschige schwarze Augenbrauen. Er brachte seine Schüler gern zum Lachen. Seine Stimme war dünn und hoch wie das Pfeifen eines Wasserkessels, sein sehr spezieller Humor entwaffnend. Er wirkte vollkommen emotionslos. Verriet sich nie, wenn er einen Witz in seinen Dharma-Vortrag einzubauen gedachte. Sondern sprach in genau demselben Tonfall – und demselben todernsten Gesichtsausdruck – weiter, in dem er auch die Sutras kommentierte, das Meditieren erklärte oder über sonst irgendetwas sprach, was ihm gerade in den Kopf kam.

Doch gerade seine strenge, Unheil verkündende Miene machte seine Scherze nur noch lustiger. Denn so wurden seine Schüler völlig überrumpelt, und auch wenn er einen Witz gerissen hatte, war nicht gleich klar, dass es tatsächlich einer war, weil der Gesichtsausdruck des Meisters auch nach der Pointe noch genauso ausdruckslos blieb, wie sie die ganze Zeit über gewesen war.

Deshalb konnten sich seine Schüler auch nicht auf die Späße vorbereiten. Nie mit ihnen rechnen. Vielmehr war es, als kämen die Witze aus dem Nichts, um sich dann völlig unerwartet zu manifestieren, auf beinahe magische Art und Weise. Völlig ohne Vorwarnung. Aber scharfsinnig waren sie, Mannomann! Und die neutrale Art, in der sie präsentiert wurden, machte sie nur noch schlagkräftiger.

Die Schüler konnten kaum an sich halten. Sie wälzten sich auf dem Boden, fuchtelten wie wild mit den Händen in der Luft herum. Versuchten verzweifelt, sich ihrer Heiterkeit zu erwehren. Aber sie konnten beim besten Willen nicht aufhören zu lachen. Ein Gickeln führte zum nächsten und übernächsten, und kaum hatten sich die Schüler irgendwann beruhigt, konnte wieder einer nicht an sich halten, kicherte oder schnaubte, und schon fing alles von vorn an. Derweil stand der Meister mit dem Kugelbäuchlein auf seinen kleinen Füßen missmutig vor der Klasse, ohne auch nur den Schatten eines Lächelns an den Tag zu legen. Ein Blick auf ihn, und schon brach erneut ein Lachen aus.

Nachdem der Meister ziemlich lange keinen Witz mehr gerissen hatte, schmuggelte das Schlitzohr einen in seinen Vortrag über den sechsten Patriarchen ein. Alle lachten und lachten – haha, hehe – wie ur-, urkomisch das doch war, und gar erst dieser kleine Meister mit seinem strengen, todernsten Gesicht.

Mitten in ihr Lachen hinein rief der: »Wer lacht?«

Und in diesem Moment erwachte der gesamte Klassenverband.

13

## Nichts Besonderes

»Was geschieht eigentlich, wenn man zum Buddha wird?«, fragte mich ein Schüler kürzlich während eines Retreats im Chan Forest, unserem Meditationscenter in den Bergen Javas.

Die Frage überraschte mich, ich lachte. Was sollte ich darauf sagen?

»Nichts Besonderes«, erwiderte ich schließlich. »Ist alles ganz normal, wie du und ich.«

Meine Schüler waren schockiert. Der Buddhismus im Osten macht den Buddha oft zu einer Art Gott und siedelt unsere Geistlichen irgendwo zwischen Buddhas Göttlichkeit und dem mangelbehafteten Menschsein an. Im Chan haben wir jedoch ein ganz anderes Verständnis von Buddhaschaft.

In dem Moment, in dem Buddha unter dem Bodhibaum erwachte, erkannte er, dass jeder Mensch ein Buddha ist. Die Buddhaschaft: nichts Besonderes. Wir sind alle gleich, haben alle dieselbe Buddha-Natur und sind alle zum Erwachen fähig. Alles ganz normal.

Meine Antwort berührte meinen Schüler sehr. Ich hätte ihm Hoffnung geschenkt, sagte er. Zuvor habe er immer das Gefühl gehabt, ihm als ganz normalem Menschen – niemand Besonderem – sei es unmöglich, den erhabenen Buddha-Zustand zu erreichen. Das schien ihm völlig außerhalb seiner Reichweite. Unendlich weit entfernt. Wie ein anderer Stern.

»Der Buddha ist ein menschliches Wesen«, erklärte ich ihm. »Genau wie du. Da ist überhaupt kein Unterschied. Er hat nichts Besonderes, nichts Übernatürliches an sich. Er zeigt uns, dass wir alle – jeder und jede Einzelne von uns – mithilfe der Chan-Praxis erwachen können. Welcher Rasse, Ethnie oder welchem Geschlecht wir angehören, spielt keine Rolle. Ebenso wenig unsere Bildung. Wie wir aussehen – belanglos. Äußeres, Alter: alles egal. Beim Erlangen der Buddhaschaft geht es ausschließlich um unseren Geist und darum, wie wir leben.«

Während des Prozesses wurde ich wieder an die Frage meines Schülers erinnert. Als ich in den Zeugenstand trat, hatte ich das Gefühl, mich in eine Zeitmaschine zu begeben. Das Gericht, in dem mein Fall verhandelt wurde, befindet sich in einem ultramodernen Gebäude in der Innenstadt von Singapur. Richter und Anwälte trugen schwarze Roben. Das Ganze wirkte wie eine Szene aus einem Harry-Potter-Roman. Die Leute saßen hinter einer Glaswand im hinteren Teil des Raumes und beobachteten die Verhandlung. Als die Befragung begann, verspürte ich sehr dichte, schwere Schwingungen – eine dicke Restschicht von Ärger, Frust, Verzweiflung, Reue, Trauer, Triumph, Rechtfertigung und Rache sehr vieler Menschen. Überbleibsel früherer Prozesse.

Master Guojun

*Warum wollen eigentlich alle immer gewinnen?*, fragte ich mich im Zeugenstand. Warum überlagert dieses Bedürfnis, scheint's, alle anderen Überlegungen? Ich dachte an meinen Lehrer Yin Shun und das taiwanesische Institut, in dem ich als junger Mönch studiert hatte. Yin Shun – ein Pionier des kritischen, engagierten, linksorientierten, aktivistischen, humanistischen Buddhismus und einer der bedeutendsten buddhistischen Gelehrten seiner Generation – hatte mir zu der Erkenntnis verholfen, dass Buddha kein Gott war, sondern ein Mensch. Buddha wurde als Mensch in der menschlichen Welt geboren, und alles, was er erreichte, war von dieser Welt – auch der Übertritt ins Nirwana.

Wir Menschen sind unvollkommen. Der Buddha auch! Er war ständig dabei, seine Lehrvorträge zu optimieren. Selbst nach seinem Erwachen übte er sie noch ein, korrigierte und verbesserte sie. Was immer gleich blieb, war der *Geist* dieser Lehrvorträge. Yin Shun brachte uns bei, dass der Buddha einfach ein Mensch war, der sein volles Potenzial ausgeschöpft hatte. Und was vielleicht sogar noch wichtiger war: Er gab uns das Gefühl, das, was der Buddha vermocht hatte, ebenfalls zu können!

Die Anwälte quasselten und quasselten, spannen ihr Netz aus Worten immer enger. Ich saß auf dem heißen Stuhl und versuchte alle Fragen so wahrheitsgetreu zu beantworten, wie ich nur konnte. Das Ganze wirkte irgendwie irreal. Sieg oder Niederlage – es war alles nur ein Spiel und letztlich, wurde mir klar, nicht von Bedeutung. Vielmehr kam es darauf an, wie man nach einem Sieg weiterlebt – oder nach einer Niederlage. Darauf, wie wir mit den

Erfahrungen, die wir machen, umgehen. Denn es ist genau so, wie Ajahn Brahm sagt: Darum, welche Wahl man trifft, geht es gar nicht. Sondern darum, aus der einmal gefassten Entscheidung das Beste zu machen.

Sieg oder Niederlage? Entspannen Sie sich. Es ist wurscht, nichts Besonderes. Ganz einfach, ganz normal.

**14**

# Kommen lassen ... gehen lassen

Singapur hat zwar mehr als fünf Millionen Einwohner, ist aber im Grunde doch ein winziger Inselstaat. Und die buddhistische Community dort ist noch kleiner, sehr familiär und geschwätzig. Jeder weiß über jeden Bescheid, und selbst der kleinste Hauch eines Skandals verbreitet sich wie ein Lauffeuer, wenn eine prominente religiöse Leitfigur darin verwickelt ist.

Als in den Zeitungen angedeutet wurde, dass ich schwul wäre, dachte ich mir: *Klar, warum nicht?* Die Woche drauf hieße es vielleicht, ich stünde auf alte Frauen – wäre ein Gigolo –, hätte einen Narren an jungen Mädchen gefressen. Oder an allen Frauen. *Wurscht*, dachte ich, *sind alles nur Wörter.* Heterosexuell, homosexuell, bisexuell. Wie auch immer sexuell. Alles gut. Kein Problem. Kommen lassen … gehen lassen.

Wie Sie sich denken können, vertraten meine Schüler nicht ganz dieselbe Auffassung wie ich. Sie waren außer sich. Hatten das Gefühl, all die Lügen und Anspielungen würden meinem Ruf schaden und die ganze Arbeit zunichtemachen, die ich mit ihrer unerschütterlichen Hilfe und Unterstützung leistete. Ich war tief bewegt von ihrer Loyalität und dem von Herzen kommenden Bedürfnis, mich zu schützen, wusste allerdings auch, dass unseren Möglichkeiten Grenzen gesetzt waren. Während eines Retreats in Indonesien erzählte ich ihnen die folgende Geschichte:

Es war einmal ein berühmter Chan-Meister. Eines Tages brachte eine junge Frau von adligem Auftreten ein Baby in das Kloster, in dem er Abt war, und verlangte Einlass.

»Holt den Abt«, befahl sie. Als er kam, hielt sie ihm das Baby entgegen. »Das ist dein Kind!«, schrie sie und drehte sich einmal um ihre eigene Achse, sodass alle anwesenden Mönche einen Blick auf sie werfen konnten.

Da es sich um ein großes Kloster handelte, wurden viele Mönche Zeuge der Szene. »Du musst zu deiner Verantwortung stehen«, redete die junge Frau dem Abt ins Gewissen. Er antwortete nicht. War ganz ruhig und gelassen. Sie schob das Kind näher an ihn heran. Die anwesenden Mönche versuchten sie zurückzuhalten.

»Lass das Kind hier«, sagte der Abt schließlich und nahm das Baby auf den Arm.

Die Frau drehte sich auf dem Absatz um, eilte durch das Tor des Klosters und war verschwunden.

In den folgenden Jahren nahm sich der Mönch des Kindes an und kümmerte sich rührend um den kleinen Jungen. Derweil tobten Gerüchte durch die Region: Was es wohl mit dem Buben auf sich haben mochte, der neuerdings von einem angesehenen Abt im Kloster aufgezogen wurde. Spekulationen, Hohn und Spott ergossen sich über den hochrangigen Mönch. Dieser jedoch verlor kein Wort. Nicht mit einer Silbe widersprach er der Behauptung, es handele sich um sein Kind. Auch allen anderen Gerüchten,

Master Guojun

die in dem Moment laut geworden waren, als er den Jungen aufgenommen hatte – so zum Beispiel, er habe noch weiteren Nachwuchs –, ließ er unerwidert. Er kümmerte sich um den Jungen und tat seine Arbeit.

Der Abt und die Mönche des Klosters unterrichteten den Jungen in den buddhistischen Tugenden von *ahimsa* (Gewaltlosigkeit) und liebender Güte. In ihrer Fürsorge wuchs er heran. Zwar schlief der Junge beim Meditieren und während der Zeremonien oft ein, aber die Mönche störten sich nicht daran. Sie ließen ihn einfach in Ruhe.

Eines Tages – das Kind war zu der Zeit etwa sieben Jahre alt – herrschte Alarmzustand im Kloster. Vor den Toren standen in geordneten Reihen, noch blutüberströmt nach einer Schlacht, an die tausend Soldaten.

Ihr Anführer, ein junger, groß gewachsener General in vollem Ornat, verließ die Reihen, lenkte sein Pferd vor die Kompanie und befahl den verängstigten Mönchen, den Abt zu holen. Als er eintraf, saß der General ab. Neben ihn trat die Frau, die vor all den Jahren ihr Baby im Kloster abgegeben hatte. Was wohl als Nächstes geschehen würde, fragten sich die Mönche bang. Sollte womöglich der Abt enthauptet werden? Das schien ihnen der wahrscheinlichste Ausgang zu sein.

Doch stattdessen warfen sich der General und die Frau vor dem Abt in den Staub. Unter Tränen baten sie ihn um Vergebung. Die Frau gestand, dass nicht der Abt der Vater des Kindes war, sondern der General. Nun erfuhren alle, dass sie und der Abt als Kinder und Heranwachsende die besten Freunde gewesen waren. Sie war die Tochter eines sehr hohen Generals, eines engen Freundes vom Vorgänger des amtierenden Abts. Ihr Vater hatte ihr oft gesagt, er wünschte sich, ihr Kamerad wäre kein Mönch geworden, weil er dann hätte sein Schwiegersohn werden können.

Später verliebte sich die junge Frau in den Adjutanten ihres Vaters und wurde von ihm schwanger. Die beiden spielten mit dem Gedanken, zusammen wegzulaufen, fürchteten aber, der alte General könnte sie finden und womöglich töten, und auch das Kind. Doch der alte General sagte nur, er wolle das Kind nie sehen, nie im Leben.

Zu der Zeit war der alte Abt, der Freund und Vertraute des alten Generals, schon tot, und der jetzige Abt bereits eingesetzt worden. Das Paar wusste, dass der alte General sich an den Vorsteher eines so renommierten Klosters nicht herantrauen würde, insbesondere, weil er ihn so gern mochte. Also schmiedeten sie den Plan, das Kind im Kloster in Sicherheit zu bringen.

Jetzt, sagten sie unter Tränen, sei der alte General in der Schlacht gestorben und der Vater des Kindes vom Kaiser in den höchsten Rang befördert worden. Nun wollten sie ihr Kind zurück.

Wortlos lauschte der Abt dem Bericht. Als die beiden fertig waren, sagte er: »Bringt den Jungen her.«

»Das sind deine wahren Eltern«, erklärte er dem Kind. »Für dich ist es jetzt an der Zeit, zu ihnen zurückzukehren und deinen Platz in der Welt einzunehmen.« In China haben Kinder absolut nichts zu sagen. Deshalb erfuhr auch nie jemand, ob der Junge nicht vielleicht lieber bei den Mönchen geblieben wäre. Der Abt für sein Teil jedenfalls war voller Mitgefühl. Er umarmte das Kind, drehte sich um und nahm seine Arbeit im Kloster wieder auf.

Master Guojun

**15**

# Das geistige Feld bestellen

Chinesische Mönche mussten traditionell in der Landwirtschaft arbeiten (was auch der Grund dafür ist, dass wir Hosen tragen). Die Klöster befanden sich in aller Regel auf dem flachen Land, und die Mönche bauten ihr Gemüse selbst an. Im Chan kennen wir sogar so etwas wie die »Bauernhof-Meditation« (= *nongchan*). Daran, wie oft in den Texten von »Ackerbau« und »geistigen Feldern« gesprochen wird, erkennt man schon, dass unsere Traditionslinie sehr eng mit der Landwirtschaft verbunden ist. Pflügen und Steine aus dem Weg räumen, den Boden auflockern, Samen ausbringen, sie mit Erde bedecken, das Erdreich düngen, Unkraut jäten, Sämlinge ausdünnen, ernten! Die Mönche lernten, diese Aufgaben bewusst und achtsam zu erledigen. Das Rhythmische an der Arbeit – immer dieselben Handgriffe, stumm verrichtet – das war die Nongchan-Praxis. So fragten sie auch gar nicht mehr, warum sie das Land bestellen mussten. Sie bauten Lebensmittel an, damit sie zu essen hatten. Sie waren Bauern, um zu überleben. Und was ihren Geist betraf, so meditierten sie auf dem Feld und auf dem Kissen, um nicht nur körperlich, sondern auch spirituell überleben und gedeihen zu können.

Eine Kostprobe dieser Praxis bekam ich während meiner Ausbildung im Fu Yan Institut zu Hsinchu in Taiwan. Das Institut war im Grunde ein Internat, nur dass wir Schüler auch kochen und sauber machen mussten. Zu meiner Zeit waren wir an die hundert Jungen dort. Unser Essen bauten wir auf einem kleinen Stück Land an, das wir bestellten. Im Winter hackten wir Feuerholz, damit wir unser Wasser zum Duschen erwärmen konnten. Wir wuschen unsere Kleidung selbst – was ich bis heute noch so halte – und nahmen uns neben der allgemeinen Instandhaltung auch kleiner Schreiner-, Elektro-, und Installationsarbeiten an.

Je nach unseren morgendlichen Pflichten standen wir um drei oder vier in der Frühe auf. In unseren Schlafräumen übernachteten wir zu sechst respektive acht. Wir machten uns mit grundlegenden buddhistischen Zeremonien und Ritualen vertraut. Lasen *Buddhacarita*, befassten uns mit der Reines-Land-Schule, den Bodhisattva-Gelübden, Nagarjunas Kommentar zum *Mahaprajnaparamita-Sutra*. Wir lasen die Tiantai- und Vipassana-Kommentare und die *Agama-Sutras*. Wir studierten die Geschichte des indischen und chinesischen Buddhismus sowie deren jeweilige Haupttexte. Auch Seminararbeiten mussten wir verfassen. Alles in allem erhielten wir eine solide buddhistische Grundausbildung.

Ich musste schwer arbeiten. Das Abendessen habe ich immer ausgelassen und stattdessen nur ein kleines Brötchen von der Mittagsmahlzeit zu mir genommen. Mein Gefährte war der Dharma. Die Lehren des Buddha leisteten mir Gesellschaft. Es war ein reines Leben. Sehr einfach.

Ich war auf dem kleinen Acker des Instituts beschäftigt. Dort haben wir Süßkartoffelblätter angebaut, robuste Grünpflanzen undefinierbaren Geschmacks, die nicht sehr anspruchsvoll waren, aber recht nahrhaft. Außerdem wuchsen bei uns Kohl, Spinat und Pak Choi. Bei diesen meinen ersten vorsichtigen Ausflügen auf den Bauernhof-Nongchan schloss ich auch Bekanntschaft mit der Achtsamkeitspraxis, die ich heute noch lehre: Wo immer sich der Körper befindet, da ist auch der Geist; was immer der Körper tut, tut der Geist ebenfalls. Geist und Körper in harmonischem Bei- und Miteinander.

Nongchan lehrt uns, Ackerbau mit versammeltem Geist zu betreiben – wir sind eins mit der Feldfrucht und den Elementen sowie mit unserer Arbeit, unserem Tun, der Quelle und Nahrung unseres Lebens. Wachstumsprozesse lassen sich nicht beschleunigen, und jede Pflanze ist anders. Wir müssen sie um ihrer selbst willen wertschätzen, damit sie gedeihen kann. Genauso ist es, wenn wir die Chan-Halle betreten – wir Menschen sind alle unterschiedlich und reifen in unserem eigenen Tempo, jeder auf ganz eigene Weise.

Chan wird auch als eine »spezielle Übertragung jenseits der Schriften« charakterisiert, die »nicht auf Worten oder Schriftzeichen« beruht. Nongchan erdet uns in einem Leben, in dem es um intuitive Achtsamkeit geht, die nichts mit Worten zu tun hat. Sondern damit, sich in den Elementen zu verlieren: in Sonne, Wasser, Wind, Erde. Chan lehrt uns *Die Pflanzen brauchen Wasser* zu denken anstelle von *Ich muss die Pflanzen gießen*. Statt uns auf die eigenen Bedürfnisse und Wünsche zu fokussieren, lernen wir, einfach zu reagieren und das im Moment gerade Nötige zu tun. Wir sind weder vom Rest der Menschheit getrennt noch von unserem Planeten in seiner Gesamtheit.

Bei der Nongchan-Praxis war mir, als würde ich zur Quelle zurückgehen, in die Anfänge des Chan, an den Beginn meines Lebens. Generationen großer Lehrer traten vor mein geistiges Auge, und ich sah, wie sie im Feld des Geistes Kohl anbauten, sich verwirklichten und die Lehren des Buddhismus im Tunnel der Zeiten weitergaben.

**16**

# Fluss und Salzfisch

Eines Tages machten Meister Sheng Yen und ich in seinem Retreatcenter Pine Bush im Staate New York einen Waldspaziergang. Wir hatten Frühling, die Schneeschmelze war in vollem Gange und es hatte in Strömen geregnet. Aus einem normalerweise ruhigen Flüsschen, das sich ohne Weiteres überqueren ließ, war ein reißender Strom geworden.

»Ob der Flussgott wohl seinen Wasserlauf für uns öffnet, damit wir auf die andere Seite kommen?«, fragte Sheng Yen.

»Springen wir einfach, Shifu!« Es war ein schöner Tag und ich ein junger, ungestümer Mönch, der sich alles zutraute. Da ich wusste, dass Sheng Yen diesen Charakterzug an mir mochte, hatte ich gesprochen, wie mir der Schnabel gewachsen war. »Bewahre dir deine Impulsivität und verwandele sie in *bodhicitta*«, sagte er oft zu mir. Bodhicitta bezeichnet den inneren Antrieb, alle empfindenden Wesen zu erwecken.

Wir betrachteten den trüben, reißenden Strom. »Der Weg des Bodhisattva ist nicht so leicht, wie du denkst«, sagte te Sheng Yen. Es umgab ihn etwas Schwermütiges – Trauriges. Das Retreatcenter sah sich großen Schwierigkeiten

gegenüber, und wie schwer er an diesen Problemen zu tragen hatte, spürte ich, als er mir die folgende Geschichte
erzählte, bei der es sich vermutlich um ein buddhistisches
Volksmärchen handelte, das er als Junge gehört hatte.

Es war einmal ein brahmanischer Arhat, der sich Tag für
Tag zum Buddha begab, um seinen Lehren zu lauschen. Da
er unterwegs einen Fluss überqueren musste, rief er den
Flussgott an: »Babu, mach auf! Ich möchte rüber.« Nachdem der Flussgott dem Arhat seinen Respekt erwiesen und
dieser die Höflichkeit erwidert hatte, öffnete der Flussgott
dem Arhat einen Weg über das Wasser. Der Arhat begab
sich zum Buddha, lauschte seinem Vortrag und machte
sich auf den Heimweg. Am Wasser tauschte er wieder dieselben Grußworte mit dem Flussgott, welcher ihm sodann
einen Weg durch die Fluten öffnete.

Dieses Ritual wiederholte sich Tag für Tag; jedes Mal er-
gab sich derselbe Wortwechsel, bis dem Flussgott schließlich der Geduldsfaden riss und er zum Buddha ging, um
sich zu beschweren. »Er hört einfach nicht auf, mich Babu
zu nennen!«, sagte der Flussgott. Wobei man wissen muss,
dass Babu die Anrede für Diener und andere Angehörige
niedriger Stände war.

Der Buddha bat den Arhat, sich mit dem Flussgott zu
vertragen. »Kann es sein, dass du dem Geist des Flusses
ohne die nötige Hochachtung begegnest? Schaust du womöglich auf ihn herab?«, fragte der Buddha den Arhat.

»Das war nicht meine Absicht«, entgegnete der Arhat.
»Sollte ich ihm dieses Gefühl vermittelt haben, so tut es
mir leid und ich entschuldige mich vielmals.«

»Siehst du?«, wandte sich der Buddha an den Flussgott. »Er entschuldigt sich bei dir. Von ganzem Herzen. Wenn er dich mit ›Babu‹ angesprochen hat, so einfach, weil es seiner Gewohnheit entsprach, schließlich entstammt er der Kaste der Brahmanen.«

Nachdem er mit der Geschichte fertig war, sagte Sheng Yen: »Heute, glaube ich, wird uns der Flussgott nicht helfen.« Und wir kehrten ins Retreatcenter zurück.

Einige Tage später griff Sheng Yen das Thema Gewohnheiten und wie sie unser Verhalten prägen, während eines Dharma-Vortrags in der Chan-Halle wieder auf. Er sprach über Ananda.

Eines Tages ging der Buddha mit Ananda auf dem Marktplatz spazieren. Das Marktgeschehen selbst war schon beendet – die Verkäufer hatten ihre Stände geschlossen und den Platz verlassen. Auf dem Boden bemerkte der Buddha weggeworfene Bananenblätter, die die Verkäufer zum Verpacken ihrer Waren benutzt hatten. Er bat Ananda, eines aufzuheben und es zu betrachten.

»Kannst du im Inneren des Blattes etwas erkennen?«, fragte der Buddha.

»Nein«, antwortete Ananda.

»Und was riechst du?«

»Salzfisch.« Ananda griff nach einem weiteren Blatt. »Und das riecht nach Jasminblüten.«

»Was sagt dir das?«, fragte der Buddha.

Ananda war verwirrt, wie so oft.

»Man sieht weder den Fisch noch die Blüten«, erklärte der Buddha. »Aber man kann die Reste riechen, das, was übrig bleibt.«

Für »Reste« benutzte Sheng Yen das chinesische Wort *xi qi*. Man kann es mit »Geruchsgewohnheit« übersetzen, aber *qi* bedeutet auch Energie. Durch die Verwendung der komplexen Matrix der buddhistischen Lehren über Intention und Karma wollte uns Sheng Yen darin bestärken, uns kritisch mit unseren Gewohnheiten und Hypothesen auseinanderzusetzen.

Auch Karma ist eine Form von Energie. Wir können uns sein Wirken nicht in allen Einzelheiten genau vorstellen, dafür ist es zu kompliziert. Aber mit einer Analogie können wir es versuchen: Ein Mangokern fällt zu Boden und bringt einen Mangobaum hervor. Drei Jahre später wachsen an diesem Mangobaum einhundert Mangos, die alle zu Boden fallen und Bäume hervorbringen, die ebenfalls Früchte tragen und tausend Bäume erzeugen, und so weiter. Ein Samenkorn oder auch eine ganz unscheinbare Aktion kann eine Unmenge von Wirkungen hervorbringen. Aus der Sicht des Mahayana ist die Absicht, Schaden anzurichten, keine Voraussetzung für die Erschaffung von (schlechtem) Karma. Das geht demnach auch ohne Vorsatz. Sobald wir uns das klargemacht haben, können wir einen ganz neuen Blick auf viele der Probleme in unseren Beziehungen und der Welt als ganzer gewinnen.

Während Sheng Yen diese Geschichte erzählte, spürte ich wieder jene Schwermut, die mir schon aufgefallen war, als wir in den reißenden Fluss geblickt hatten.

Master Guojun

»Wir haben alle noch viele Gewohnheiten; wir sind nicht vollkommen und sollten die Dinge nicht zu schwer nehmen«, sagte Sheng Yen. Er schaute mich an. Seine Augen wirkten traurig und auch irgendwie hilflos. Ich dachte, er würde noch weitersprechen. Aber er sagte bloß: »Das wäre alles«, stand von dem Kissen auf, auf dem er gesessen hatte, und begab sich in den dunklen Gang hinter dem Podium.

Inmitten meiner Schwierigkeiten sind mir diese Geschichten plötzlich wieder in den Sinn gekommen. Sheng Yen hatte uns davor gewarnt, das Handeln anderer zu beurteilen. Wie er sagte, erzeugen unsere Gewohnheiten oft unbeabsichtigte Wirkungen. Besonders in unseren Beziehungen sollten wir darauf achten, empfahl er uns. Weil der subtile, aber doch wirksame Filter des *xi qi* immer präsent sei.

Ich habe oft über den Blick nachgedacht, mit dem mich Sheng Yen an jenem Abend in der Chan-Halle bedacht hatte. Da war mehr im Spiel als das Verhältnis eines älteren zu einem jüngeren Mann, sogar mehr als das Verhältnis von Meister zu Schüler. So hätte ein Vater seinen Sohn angesehen. Inmitten seiner Sorgen und Probleme war ihm bewusst, dass auch ich auf Schwierigkeiten stoßen würde – dass dies unvermeidlich war und er nichts tun konnte, um es zu verhindern.

Jetzt, während ich an diesem Buch schreibe, möchte ich ihm sagen, dass es mir gut geht. Dass ich die Energie, aus der Bodhicitta erwachsen kann, immer noch in mir habe. Ich spüre, wie sie sich rührt, beinahe am Überfließen ist. Und ich werde sie nie vernachlässigen.

**17**

# Begrüßen wir das Ungewisse

Ich war schon immer von körperlichen Aktivitäten fasziniert, die viele als »Extrem«-Sportarten bezeichnen würden. Denn ich teste gern meine Grenzen aus und mag Abenteuer. Dabei geht es mir nicht unbedingt um die Gefahr, sondern eher darum, Dinge zu tun, die es mir ermöglichen, mich selbst zu erkennen – jenseits der Masken, die wir tragen, um uns nicht mit unserem wahren Wesen auseinandersetzen zu müssen.

In meinen Anfangszeiten als Mönch habe ich es mal mit Bungee-Jumping versucht, in Nordthailand. In einem langsamen Aufzug von der Art, wie man sie beim Bau von Hochhäusern verwendet, wurde ich an der Felswand hochtransportiert und oben abgesetzt. Als ich in die Tiefe schaute, fing mein Herz an zu rasen. Der Lift verfügte über eine metallene Verlängerung, eine Art Laufplanke. Darunter lag ein ziemlich großer Teich.

Meine Beine und der Unterkörper waren mit Klettverschlüssen und dicken Gurten gesichert. Ich sprang auf die Laufplanke. Meine Knie waren wie Wackelpudding, ein Zittern ergriff von mir Besitz. Es war, als würde ich über die Planke gehen oder auf dem 10-Meter-Turm stehen, nur viel, viel höher. Unter mir glitzerte das Wasser. Ich fühlte mich sehr schwach. Genau dieser Moment scheint für eine Menge Menschen zu viel zu sein. Sie fangen an zu weinen und verweigern den Flug in die Tiefe.

Mich dagegen faszinierte dieser Augenblick am Rand, unmittelbar vor dem Absprung. Ich wusste, dass ich nicht in Gefahr war. Und trotzdem hatte ich beim ersten Versuch unbeschreibliche Angst. Das geht uns allen so – obwohl wir genau wissen, dass uns nichts passieren kann. Dabei lernen wir, dass es einen Riesenunterschied macht, ob wir etwas intellektuell begreifen oder es real erfahren. In dieser Hinsicht könnte man durchaus sagen, dass der Moment des Absprungs, jener Augenblick, in dem man nur noch Luft unter den Füßen hat, ein Durchbruch ist. *Tu's einfach*, sagt man sich. Einmal über dem Rand, gibt es kein Zurück. Man hat etwas Irreversibles getan. Im freien Fall ist nichts mehr stabil und gibt es nichts mehr, woran man sich festhalten könnte. Keine Chance, den Gang der Dinge noch zu steuern. Wir müssen uns ergeben, und mit dieser Kapitulation geht ein Vorgeschmack auf die Befreiung einher.

Dieser Vorgeschmack ist wie der Schatten eines Vogels. Er ähnelt einer Erleuchtungserfahrung, die Sheng Yen beschreibt, ohne aber damit identisch zu sein: Als junger Mönch teilte er sein Zimmer eines Nachts zufällig mit Großmeister Ling Yuan, einem berühmten Chan-Mönch. Sie saßen auf einer Art erhöhtem Alkoven, der traditionellen Schlafstätte der Chinesen. Die Gesellschaft eines dermaßen angesehenen Mönchs machte Sheng Yen so nervös, dass er begann, ihn mit Fragen zu bombardieren. Diese

Master Guojun

Fragen, erklärte er, seien es, die er an den Buddhismus habe. Und beim gegenwärtigen Stand seiner Entwicklung, fügte er hinzu, hege er große Zweifel an der Lehre. Statt zu antworten, sagte Ling Yuan nach jeder Frage nur: »Noch was?«, »Noch was?«, »Noch was?«

Es wurde später und später, und Sheng Yen geriet in an Panik grenzende Verzweiflung. Sollte er etwa nie eine Antwort auf seine Fragen bekommen? War er womöglich zu einem Leben voller nagender Zweifel verdammt? Als er seine nächste Frage stellte, schlug der Mönch wie aus dem Nichts auf das Bett und rief: »Gib es ab!« In diesem Moment, sagte Sheng Yen, habe er ein Erwachen gehabt.

*Geben wir es ab!* Im freien Fall bleibt uns nichts anderes übrig. Allerdings ist es leider extrem unwahrscheinlich, dass wir ausgerechnet beim Herumbaumeln an einem Bungeeseil zur Erleuchtung gelangen.

Ähnliches wie beim Bungee-Jumping geschieht auch beim Fallschirmspringen – habe ich ebenfalls mal ausprobiert. Wenn man nämlich im freien Fall der Erde entgegenrast, ist das Einzige, was man noch steuern kann, der Geist. Man darf dem Geschehen keinerlei Widerstand entgegenbringen, muss vollkommen offen sein. Sich dem Fluss hingeben – eine Lektion, die wir immer und immer wieder neu lernen müssen.

Bei einer anderen »Extrem«-Sportart, an der ich mich auch schon versucht habe, geht es um das genaue Gegenteil. Denn während man sich beim Bungee-Jumping und Fallschirmspringen durchaus eine Verlangsamung des Tempos wünscht, möchte man beim Tauchen oft nur eines: so schnell wie möglich wieder an die Oberfläche kommen.

Ich war beim Tiefseetauchen am Great Barrier Reef in Australien. Da muss man ebenso langsam abtauchen wie wieder hochkommen und genauestens darauf achten, dass der Körper Zeit genug hat, sich den unterschiedlichen Druckverhältnissen anzupassen. Zur Vermeidung der unter Umständen tödlichen Dekompressions- beziehungsweise Taucherkrankheit gilt es strenge Regeln zu befolgen. Eile ist da absolut kontraproduktiv.

Beim allmählichen Runtergehen steigert sich die Angst. Das Sonnenlicht nimmt immer mehr ab. Der Himmel wird zu einer fernen Erinnerung. Die Dunkelheit hüllt einen ein, und das Wasser wird kälter. Man muss sich entspannen. Je weiter Sie in die Finsternis vordringen, desto wildere Sprünge macht die Fantasie. Was da an den Rändern Ihres immer kleiner werdenden Sichtfeldes herumlungert – sind das Monster? Ekeldinger, die nur darauf warten, ihre Fangzähne in Ihren Körper zu schlagen und Sie zu verschlingen? In der trüben Tiefe wird das Leben immer seltener, die Fische aber nehmen erschreckend an Größe zu. Und es sind nicht mehr die farbenfrohen Exemplare der Korallenbänke, sondern Riesenoschis in eintönigen Nuancen von Grau, Schwarz und Braun. Wichtig ist jetzt, dass Sie Ihre Atmung unter Kontrolle behalten – Sie müssen gut mit dem Sauerstoff haushalten. Müssen ruhig bleiben, genau nach Vorschrift tauchen und innehalten, um sich dem zunehmenden Druck anzupassen.

Bei meinen Tauchgängen wurde ich mir nicht nur unserer Angst vor dem Unbekannten bewusst, sondern auch der Notwendigkeit, selbst angesichts dieser Angst entspannt zu bleiben: bewusst, aber entspannt. In dem Maße,

Master Guojun

in dem uns das gelingt, gelangen wir zu Selbsterkenntnis. Je tiefer ich im Meer tauchte, desto tiefer drang ich auch in mein Inneres vor, jedenfalls war mir so. Am tiefsten Punkt, den ich im Wasser erreichte, herrschte nur noch das wenige Licht, das aus meiner Stirnlampe drang. Aber egal, wie sehr ich mich fürchtete, ich musste sicherstellen, dass mein Aufstieg langsam und nach Vorschrift erfolgte.

Erfahrungen wie freier Fall und Tiefseetauchen bringen uns bei, uns nicht an unsere Vorstellungen von der Entwicklung der Dinge zu klammern. Das eine wie das andere folgt seinem eigenen Tempo, und das müssen wir akzeptieren. Schwierigkeiten sind erst dann vorbei, wenn sie zu Ende sind. Nicht Bescheid zu wissen macht uns Angst, aber das Leben ist nun mal voller Ungewissheiten. Diese Fluidität zu begrüßen ist viel besser, als Widerstand zu leisten oder so zu tun, als wären wir selbst und die Menschen, die wir lieben, unsterblich.

Unsere Zuflucht ist die Rückkehr in den gegenwärtigen Moment, wieder und immer wieder. Beim Springen aus großer Höhe gibt es weder ein »Warum gerade ich?« noch ein »richtig« oder »falsch«. Und in der Tiefe können wir die Ursprünge unserer Angst vor dem Unbekannten zu erkennen lernen. Wir kommen aus der Leere, und in diese Leere werden wir auch zurückkehren. Widerstand ist zwecklos. Freier Fall und bewusstes Atmen in der Tiefsee – aus beiden Erfahrungen können wir unendlich viel lernen.

# 18

# Himmelspoem III

Auf ewig wollen wir
geht aber nicht

Lasten seit Äonen
auf unseren Schultern
Hat uns niemand angetan
als wir selbst

Nichts Besonderes
nichts Außergewöhnliches
nichts Übernatürliches
völlig in Ordnung
keine große Sache

Augen suchen Augen
Kopf sucht Kopf
alles
immer bei dir
schlicht
unmittelbar
schön

Makellos
wie der Himmel
kein Plus kein Minus
ganz und gar
null

Dankbar dankbar dankbar
Buddha Raga
für alles, was ist

Leg nieder, gib ab
tausend Tonnen

Stich Schlag Stoß Riss
egal

Moment für Moment *lebendig*
das ist
unsere wahre Natur

**19**

# Die sieben Chan-Wunder: genau hier, genau jetzt

Viel zu selten machen wir uns bewusst, wie kostbar das Atmen ist. Wir atmen ein, atmen aus. Ganz normal, nichts Besonderes. Dabei ist es außerordentlich hilfreich, sich vor Augen zu führen, was für einen wertvollen Schatz das Atmen eigentlich darstellt. Versuchen Sie einmal das folgende Experiment: Bedecken Sie mit einer Hand Ihren Mund und halten Sie sich mit Daumen und Zeigefinger der anderen die Nase zu. Halten Sie dann so lange die Luft an, wie Sie können. Sobald Sie das Gefühl haben, gleich ersticken zu müssen, nehmen Sie die Hände von Mund und Nase und atmen normal weiter. Wie fühlen Sie sich jetzt?

Atmen tut sehr gut. So gut, dass sich die Frage stellt, warum wir uns das nicht viel öfter vergegenwärtigen. Denn das Atmen ist in der Tat etwas unglaublich Kostbares. Dessen wir uns nur deshalb so selten bewusst sind, weil es uns an Achtsamkeit fehlt. Und unser Leben wäre so unermesslich viel reicher, würden wir mehr auf unsere Atmung achten und sie zu schätzen wissen. Denn sobald wir sie spüren, spüren wir auch das Leben selbst. Und wie herrlich es ist, am Leben zu sein. Nehmen wir unsere Atmung wahr, wird uns das Kost- und Wunderbare des Lebens bewusst.

Diese Wertschätzung des Atmens könnten wir als erstes der sieben Chan-Wunder betrachten. Welches waren noch einmal die sieben Weltwunder der Antike? Die Pyramiden von Gizeh in Ägypten. Der Koloss von Rhodos. Die Hängenden Gärten der Semiramis in Babylon. Der Leuchtturm vor Alexandria. Das Grab von König Mausolos II. zu Halikarnassos. Die Zeusstatue des Phidias von Olympia. Der Tempel der Artemis in Ephesos.

Unsere Chan-Wunder sind viel, viel großartiger! Das erste ist die Atmung – die Fähigkeit des Luftaufnehmens und Wiederabgebens. Das zweite: unser Augenlicht – dass wir sehen können. Das dritte ist das Gehör. Das vierte Chan-Wunder ist der Geschmackssinn. Das fünfte ist, dass wir sprechen, kommunizieren und singen können. Das sechste: die Fähigkeit, uns mithilfe des Körpers zu bewegen, zu handeln, zu gehen, zu tanzen, zu laufen, Menschen in den Arm zu nehmen und sie zu berühren. Und das siebte Wunder stellt unser Denkvermögen dar, die Aktivität des Gehirns. Das alles sind die großen Wunder des Chan.

Auf sie können wir uns immer zurückbesinnen, wenn wir mit Problemen und Schwierigkeiten zu kämpfen haben. Wobei dem Atmen die größte Bedeutung zukommt. Wir können unsere Aufmerksamkeit darauf richten, dass der Atem auf nichts und niemanden wartet. Er kommt einfach und geht wieder, kommt und geht … ein und aus. Er wird für Sie nichts daran ändern. So wie Flüsse nicht innehalten, sondern strömen und fließen, ohne auf irgendetwas zu warten, ist es auch mit unserem Leben. Es geht immer

Master Guojun

weiter. Immer voran. Jeder verflogene Moment ist vorbei. Und kehrt nie zurück. Doch dann kommt der nächste Augenblick. Das Wissen um diese Abläufe sollte Inspiration genug sein, uns allem, was wir tun, von ganzem Herzen zu widmen. Sodass wir uns weder von Sorgen noch von Bedauern oder Reue einfangen lassen. Sondern uns auf unsere Atmung besinnen. Auf das Erleben des Moments – von Augenblick zu Augenblick.

Wir können jederzeit zu einer großen Besichtigungstour der sieben großen Chan-Wunder aufbrechen, *first class* und *all inclusive*! Und um sie erleben zu können, müssen wir uns nicht einmal an einen anderen Ort begeben. Sie stehen uns zur Verfügung, immer und überall. Weil sie in jedem Moment bei uns, in uns sind. Genau hier, genau jetzt.

# 20

# Viele Gerichte – eine Mahlzeit

Meinem Ordinationsmeister Songnian habe ich versprochen, nach seinem Tod das Kloster Mahabodhi neu aufzubauen. Und dieses Versprechen habe ich gehalten. Es ist ein sehr schönes Gebäude geworden, das in allen seinen Einzelheiten den Dharma widerspiegelt. Unser Terminkalender ist vollgepackt mit Kursen und allerlei anderen Angeboten, organisiert von unserer Sangha.

Von seiner Struktur her stellt das Kloster ein Abbild der eng miteinander verknüpften Einzelelemente meiner Praxis dar: Im zweiten Stock befindet sich eine Chan-Halle für die Sitzmeditation. In der ersten Etage ist eine Tantra-Halle für Rituale aus der Mantrayana-Strömung des Buddhismus, in der ich mich in Taiwan geschult habe. Die Pläne für die Haupthalle im Erdgeschoss gehen auf die Fazang-Schule des chinesischen Buddhismus zurück – ebenfalls eine Traditionslinie, in der ich eine Übertragung erhalten habe –, die hauptsächlich auf dem *Avatamsaka-Sutra* (»Blumengirlanden-Sutra«) beruht, das die gegenseitige Abhängigkeit und das Interbeing aller Lebewesen behandelt.

In dieser Hinsicht ist der chinesische Buddhismus einzigartig: Er zeichnet sich traditionell durch die Kombination und Vermischung verschiedener Schulen des Buddhismus aus und trägt zudem der kulturellen Vielfalt Chinas Rechnung. Das entspricht auch den chinesischen Essgewohnheiten: Serviert werden viele kleine Gerichte, von denen sich alle bedienen. Ein Häppchen hier, ein Löffelchen da, die harmonische Kombination verschiedener Geschmacksrichtungen. So etwas wie ein Hauptgericht gibt es dabei nicht.

Die chinesische Küche weiß die verschiedenen Geschmacksrichtungen wunderbar auszubalancieren: sauer, süß, scharf, bitter, salzig, umami, neutral (wobei »scharf« und »neutral« im engeren – strengen – Sinne gar keine Geschmacksrichtungen sind). Das liegt wohl auch daran, dass wir es mögen, wenn unsere Ernährung das Leben selbst widerspiegelt. Und eindimensional ist dieses ja nie – es setzt sich immer aus verschiedenen Geschmacksnuancen zusammen. Was über kurz oder lang auch fast jeder von uns zu kosten bekommt.

Alles, was wir erleben, ist relativ. Angenommen, Sie naschen einen Löffel Honig und beißen danach in einen Apfel. Welche Geschmacksrichtung haben Sie dann auf der Zunge? Die saure. Doch wenn Sie an einer Zitrone nuckeln und danach in denselben Apfel beißen, wie schmeckt er dann? Süß!

Süß, sauer, scharf, salzig, bitter, umami, neutral. Viele Gerichte machen eine Mahlzeit. Fehlt eine Geschmacksrichtung – und sei es auch die bittere oder saure –, wird das Leben ärmer. Und das wollen wir doch gar nicht. Denn im Grunde möchten wir ja das Leben mit all seinen unterschiedlichen Aspekten erfahren – einschließlich der eher schwierigen.

Master Guojun

**21**

# Alles gut so, wie es ist

Sobald wir ganz im Augenblick sind, befinden wir uns in einem Zustand, den wir im Deutschen Gleichmut nennen. Eng damit verwandt ist der Ausdruck Unerschütterlichkeit: Was auch geschehen mag, geschieht, und wir lassen uns nicht aus der Ruhe bringen, verlieren nie die Fassung. Was wiederum mit Distanziertheit und friedvoller Passivität einhergeht. Und darin schwingen Los- und Zulassen mit. Gleichmut wird oft mit Ausgeglichenheit gleichgesetzt, und die schätzen ja viele, wenn auch die meisten nicht ganz so sehr wie Buddhisten.

Im Sanskrit heißt Gleichmut *upeksha* und gehört neben liebender Güte, Mitgefühl und Mitfreude zu den Brahmaviharas beziehungsweise »vier Unermesslichen«. Aber was ist eigentlich das Besondere am Gleichmut? Nun, ganz einfach: Er bestärkt uns in geistiger Neutralität, Nichtanhaftung und einer Nondualität, die alle Differenzen zwischen diesem und jenem, zwischen hier und da, richtig und falsch, innen und außen, Ihnen und mir auflöst. Alles ist gleich.

In Wahrheit gibt es keinen Unterschied zwischen den Gedanken. Weil es nämlich überhaupt nur einen Gedanken gibt: den gegenwärtigen Moment – ohne Vergangenheit und ohne Zukunft. Ohne Konflikt, ohne Gegensätze, ohne Widersprüche. An deren Stelle empfinden wir Eintracht, Heiterkeit und Ruhe. Alles scheint uns sehr geruhsam und klar. Gleichmut heißt totale – vollkommene und absolute – Entspannung. Keinerlei Grund zur Besorgnis. Alles fühlt sich geregelt an. Im Wald steht jeder Baum an genau der richtigen Stelle. Jedes Blatt ist exakt da, wo es hingehört. Und genauso verhält es sich auch mit den Felsen, den Feldern und Flüssen. Alles ist genau richtig so, wie es ist. Nichts muss hinzugefügt oder entfernt werden. Reines Sitzen, reines Stehen, reines Gehen, reines Trinken, reines Essen, reines Schlafen. Es windet, es donnert und es regnet. Alles ist gut. Genau so, wie es ist.

Wie es im *Lotus-Sutra* heißt, haben alle Phänomene ihren gleichbleibenden Platz. Im Chinesischen geben wir diesen Satz mit den Worten *Fa zu fa wei, se cien xia chang zu* wieder. Sie bedeuten, dass es mit allem bestens bestellt ist. Das Richtige erscheint im richtigen Moment am richtigen Ort. Das ist ein bisschen daoistisch – große Harmonie, eine ausgeglichene Natur, zu der auch die menschliche Welt gehört. Lassen wir der Natur ihren Lauf. Alles regelt sich von selbst. Es gibt weder Grund zum Festhalten noch zum Zurückweisen. Stattdessen stellt sich ein Gefühl der Befreiung ein. Ein Haufen Steine wurde uns von den Schultern genommen – eine Last, derer wir uns nicht einmal bewusst waren.

Ganz genau so, wie sie ist, ist die Welt perfekt. Bis ins kleinste, unbedeutendste Detail. Die Ameise, die über den Küchenfußboden krabbelt. Die Spinne, die von einem

Baum herabhängt. Die Vögel, ihr Fliegen. Alles ist gut. Entspannen wir uns. Total und vollkommen. Nichts muss getan werden. Alles Suchen, jedes Streben – ganz unnötig! Gleichmut heißt, etwas Unermessliches zu entdecken, das wir eigentlich nie verloren haben.

22

# Provoziertes Wachstum

Als ich ins Kloster Mahabodhi gezogen bin, handelte es sich um eine sehr bescheidene Bleibe, einen zweistöckigen Bungalow, der vorher als privates Wohnhaus gedient hatte. Der gigantische daoistische Tempel nebenan war früher eine kleine Hütte, die Wohnanlage gegenüber, in der heute Tausende zu Hause sind, nur ein grasbewachsener Hügel.

Songnian mochte die frische Luft und die Nähe zur Natur hier in diesem verschlafenen, ländlichen Teil Singapurs, den Welten von dem kultivierten Milieu trennten, in dem er aufgewachsen war.

Als Kind war er viel krank. Ich stelle ihn mir in einem großen Anwesen mit Hof und Garten vor. Womöglich litt er unter Einsamkeit. Seine Tage verbrachte er mit Kalligrafie, Malerei, außerdem las er Poesie und die chinesischen Klassiker. Dass er seinen Eltern sehr nahe stand, glaube ich eigentlich nicht. Warum er Mönch wurde? Im Grunde weiß ich es nicht – vielleicht einfach aufgrund seiner angegriffenen Gesundheit? Nach traditioneller chinesischer Auffassung ist es für Kranke, die kaum viel tun können, meistens das Beste, ins Kloster zu gehen, fernab vom Stress, von den Strapazen, Sehnsüchten und Ambitionen der Welt.

Wie Tausende anderer buddhistischer Mönche hatte er das chinesische Festland 1949 verlassen, nach der Machtergreifung der Maoisten. Er flüchtete sich nach Hongkong in den Deer Garden Temple und überlegte, was er tun könnte. Die chinesische Diaspora ist überall in Asien groß, und wann immer sich die Chinesen in einem neuen Land niederließen, brachten sie ihre spezielle Form des Mahayana-Buddhismus mit; selbst in Gegenden Südostasiens mit starken Theravada-Traditionen. Mehr als ein Jahrzehnt lang durchstreifte Songnian ein ganzes Netzwerk von Tempeln, Klöstern und buddhistischen Instituten, in denen der Dharma gelehrt wurde, und zwar nicht nur in Hongkong und Taiwan, sondern auch in Malaysia. Er erweiterte seine buddhistische Bildung in den Cameron Highlands und verbrachte ein dreijähriges Retreat in der San-Bao-Höhle. Da er gesundheitlich nicht auf der Höhe war, hielt er sich nicht gern länger in der Kälte auf. Was ein Grund gewesen sein mag, dass er 1960 nach Singapur ging. 1963 wurde er Abt des Klosters Mahabodhi, in dem er auch seine letzten vierunddreißig Lebensjahre verbrachte.

Songnian unterrichtete die Klostergemeinde Singapurs in Kalligrafie und Zeichnen sowie auf religiösem Gebiet. Dabei legte er höchste Maßstäbe an und gab irgendwann die religiöse Unterweisung auf. Seine geschwächte Gesundheit hatte zur Folge, dass er nicht so aktiv sein konnte, wie er es sich gewünscht hätte, und das bedauerte er am meisten. Denn wie er oft sagte, hätte er gern Retreats zur Verbreitung des Buddhismus geleitet.

Einen Großteil seiner Zeit verbrachte Songnian mit den kontemplativen Kulturtechniken, die der chinesische Herr von guter Erziehung pflegte. Dazu gehörte auch die Kunst des Bonsai. Dutzende dieser Zwergbäumchen standen im Hof des Klosters Mahabodhi auf Metallgestellen rechts und links hinter dem Eingang. Das war Songnians Miniwald. Die Bäume brauchten immer viel Pflege.

Nie hat mich Songnian irgendetwas tun lassen, was auch nur im Entferntesten die Gestaltung der Pflanzen betroffen hätte. »Für den Bonsai bist du viel zu ungeschickt und dumm«, sagte er immer. Alles, was mit den Bäumchen zu tun hatte, musste bis aufs i-Tüpfelchen perfekt sein. Wann immer sich ein Blatt gelb verfärbte oder abfiel, schalt er mich: »Schau, was du getan hast, Höllensaat!«

Höllensaat war der Spitzname, den er mir gegeben hatte, und ich fragte mich oft, was er damit eigentlich meinte. Saat der Hölle? Saat *für* die Hölle? Aber egal, klar war, dass es sich um eine Beleidigung handelte. Obwohl mir selbst in meinen jungen Jahren und mit dem geringen Verständnis, das ich besaß, dämmerte, dass das Trommelfeuer von Spott und Kritik, dem er mich aussetzte, Teil meiner Ausbildung war. Wir wohnten zusammen, ich bediente ihn, und er belehrte mich eben auf seine ganz eigene Art. Er hielt mir keine Lehrvorträge, und auch vertrauliche Gespräche führte er nicht mit mir. Und doch hörte er in seiner unnachgiebigen Manier nie auf, mich zu erziehen. Aber vielleicht romantisiere ich das auch, vielleicht war er in Wirklichkeit nur ein mürrischer alter Mann von schlechter Gesundheit, der das Leben satthatte und den es frustrierte, von so viel Mittelmäßigkeit umgeben zu sein. Da ist bestimmt etwas dran. Doch wie so vieles im Leben, glaube ich, war es beides. Songnians Lektionen konnten brutal sein, mittlerweile aber ist mir klar geworden, dass sie mich auf die Herausforderungen vorbereiteten, mit denen ich eines Tages konfrontiert werden sollte. Der Spitzname »Höllensaat« war in gewisser Hinsicht prophetisch. Stellte eine Vorwegnahme düsterer Blüten dar.

Die Bonsais mussten zwei- bis dreimal täglich gewässert werden, und ich war schon sehr überrascht, als mich Songnian mit dieser Aufgabe betraute. Und zwar sollte ich die Bewässerung auf die chinesische Art bewerkstelligen: mit primitivster Ausstattung – einem simplen Gartenschlauch – und großem Geschick. Ich musste das Wasser so einstellen, dass es den exakt richtigen Druck hatte, und meine Finger so auf die Brause legen, dass der möglichst ideale Wassersprühnebel entstand.

Wenn ich fertig war, inspizierte Songnian sowohl die Pflanzen als auch den Steinboden, auf dem die Regale mit den Bonsais standen. Er konnte genau abschätzen, wie viel Wasser ich verbraucht und ob ich die richtige Intensität und Dauer des Sprühnebels erwischt hatte. Verbale Instruktionen erteilte er mir nie. Wollte ich etwas lernen, musste ich ihn sorgfältig beobachten und ganz genau hinschauen. Wenn ich mal etwas richtig gemacht hatte, sagte er es mir nie, erwähnte immer nur, was falsch war. Auf diese Weise erfuhr ich etwa, dass zu viel Wasser die Bodenluft verdrängt, während zu wenig Feuchtigkeit die Gefahr des Austrocknens birgt.

Gelegentlich topfte er die Pflanzen auch um, was ein heikles Verfahren darstellte, bei dem er sorgfältig darauf achtete, die Wurzeln nicht zu verletzen. Derweil stand ich neben Songnian und reichte ihm seine Werkzeuge an, wobei es sich übrigens um ganz normale Gerätschaften handelte, nur eben kleiner. Mithilfe spezieller Drähte brachte er die Äste der Bäumchen in Formen, die seinem Geist entsprungen waren. Dabei war er ganz still, vollkommen in seine Arbeit vertieft, und bewegte sich ebenso sparsam wie sublim. Die Bonsais waren lebendige Skulpturen, die unter seinen Händen entstanden. Und unsere Bemühungen um ihr Wohl waren von sanfter Ruhe und unangestrengter Konzentration getragen.

Das Gelände, auf dem Songnian seine Bonsais kultivierte, war sauber und ordentlich. Der Boden wurde von keinem Fitzelchen Erde beschmutzt, Schlamperei duldete der Meister nicht. Für ihn stellten die Bonsais eine Achtsamkeitsübung dar. Die Hege der Bäumchen lag ihm nicht weniger am Herzen als die Pflege des Dharma.

Die grünen Drähte, die wir zum Gestalten der Bonsais benutzten, mussten extrem geschickt befestigt werden, damit die empfindliche Baumrinde nicht verletzt wurde. Auch die Frage, wann die Drähte wieder entfernt werden konnten, verlangte einiges an Fingerspitzengefühl. Blieben sie zu lange dran, wuchsen die Drähte in die Rinde, was hieß, dass sie nicht mehr entfernt werden konnten, ohne dem Baum zu schaden. Wurden sie dagegen zu früh abgenommen, waren die Äste noch nicht weit genug gebogen, um Songnians Vision zu entsprechen.

Mich als jungen Mönch hat die Bonsai-Kunst tief berührt. Wie edel die Bäumchen waren! So kleinteilig gestaltet, voller Liebe zum Detail. Irgendwie gaben sie mir das Gefühl, sie wären schon uralt. Ihre knorrigen Wurzeln, die das Erdreich durchbrachen, waren ein Hinweis auf ihr stabiles Fundament, ihre tiefe Erdung, die gleichwohl auch in die Breite ging. Mich erinnerten die Bäume an verwunschene alte Riesen, auf Zwergenformat geschrumpft.

Manchmal, wenn wir uns inmitten der Miniaturbäume bewegten, sprach Songnian vom Huangshan-Gebirge in der südchinesischen Provinz Anhui. Es gehörte zu den Lieblingsmotiven der traditionellen chinesischen Landschaftsmaler: hoch in den Himmel ragende Felsen, tiefe Schluchten und wolkenverhangene Steilhänge. Manchmal zierten irgendwo auch eine kleine Hütte und eine menschliche Gestalt die Bilder. Diese jedoch war normalerweise winzig und unbedeutend, tief in den Schatten der majestätischen Natur gestellt. Traditionell waren die Bilder vertikal aufgebaut. Die Berge, die die Wolken berührten, stießen bis in den Himmel – *tian* – vor, in himmlische Gefilde.

In meinem beeindruckbaren Geist beschworen Songnians Worte eine andere Dimension herauf, eine Dimension, in der Unsterbliche wie Feen durch die Wolken flitzten. Er schwärmte von der herrlichen Landschaft und verriet mir, dass ihn die Bonsais an die Wälder dort erinnerten. Auf einem Boden, den ich gründlich ausgefegt hatte, bewegte er sich langsam, beinahe majestätisch zwischen den Regalen mit den Bäumen, und betrachtete jeden Einzelnen mit einzigartigem Interesse. Im Geist spazierte er wohl durch sein altes Wäldchen und unterhielt sich mit Unsterblichen.

Mehr als einmal sagte Songnian zu mir: »Pflanzen sind besser als Menschen. Wenn du dich um eine Pflanze kümmerst, wächst und gedeiht sie, ihre Blätter fangen an zu glänzen. Nicht so Menschen. Man kümmert sich um sie und kriegt was zurück? Gar nichts.« Dann schaute er mich mit seinem intensiven Raubvogelblick an. «Du bist viel schlimmer als die Bonsais«, sagte er. Ich war total verdutzt. Was um alles in der Welt hatte er damit gemeint?

Am Wasser-Jasmin-Bonsai (auch Heilige Buddhisten-Pflanze genannt) überließ er mir manchmal den Blattschnitt, das Abzupfen aller Blätter. Dieser Akt, den er als »Kopfschur« des Baumes bezeichnete, kam mir fast schon gewalttätig vor – anschließend sahen die Pflanzen nackt, zerbrechlich, todgeweiht aus. Doch nachdem die Blättchen entfernt waren, beschenkte uns die Pflanze mit einer Fülle weißer sternförmiger Blüten. Und wie die dufteten! Süß, würzig – eben nach Jasmin. Songnian zeigte sich erfreut. Und ich wusste, dass er mir eine Belehrung hatte zuteilwerden lassen. Es war das »Entkleiden«, also die gnadenlose Entlaubung, die den Bonsai zum Blühen provozierte. Und so geht es auch uns Menschen manchmal: Tiefe Erschütterung, das Gefühl, am Boden zerstört zu sein, kann enormes persönliches Wachstum hervorrufen. Herrliche, wunderbar duftende Blüten hervorbringen.

# 23

# Angemessen? Einfach angemessen

Sobald wir uns wahrhaft entspannen, üben wir uns darin beziehungsweise bereiten uns darauf vor, in einen Zustand zu gelangen, den wir als »angemessen« empfinden. Und was ist angemessen? Angemessen ist einfach angemessen. Genau richtig. Nicht zu viel. Nicht zu wenig.

Auf Chinesisch beginnen die Verse der buddhistischen Sutras mit den Worten *ru shi* beziehungsweise »so«. *Ru* hat verschiedene Bedeutungen, zum Beispiel »falls« und »oder«. Es ist aber auch das Schriftzeichen für Frau, das Weibliche, für feminine Gefühle und die Werke von Frauen. Das zweite Schriftzeichen, *shi*, bedeutet »ist« oder »wirklich«. Es handelt sich um ein zusammengesetztes Schriftzeichen: oben steht »Sonne«, unten befindet sich ein gehender Mensch. Und ja, sobald man unter der Sonne wandelt, ist alles klar und übersichtlich.

Auf *ru shi* folgt *wo wen*. Dieser Anfangssatz kommt in den Sutras wieder und wieder vor. *Ru shi wo wen*. *Wo* heißt »ich«. Das Schriftzeichen für *wen* besteht aus einem Ohr und einer Tür.

Übersetzen könnten wir diesen Eingangssatz also mit den Worten: »So habe ich gehört« oder »So, wie es ist«

(»nach Lage der Dinge«). Es handelt sich hier also um die Originalworte des Buddha. So hat er sie gesagt. Das Verhältnis zwischen der lesenden beziehungsweise rezitierenden Person und dem Autor der Zeilen ist von Einverständnis und Wiederholung geprägt.

In den Worten *ru shi wo wen* schwingt nichts Beurteilendes mit. Deshalb sollten wir sie auch keinesfalls mit »Ich habe gelauscht« übersetzen. Denn »Lauschen« ist ja viel mehr als einfaches Hören. Hat etwas Gezielteres, Angestrengteres an sich. Bei dem das Ich, das Ego, eine Rolle spielt.


Angemessenheit. Nach Lage der Dinge. So habe ich's gehört. All diese Ausdrücke sprechen von der Akzeptanz dessen, was ist. So war es schon immer. So ist es nun mal. Nicht mehr, nicht weniger. Warum haben wir das nicht schon viel früher erkannt?

Unser wahres Wesen interessiert sich nie für richtig oder falsch. Sondern immer nur dafür, mit allem, was ist, im Reinen zu sein. Das alles hier zu lieben. Sobald wir uns die Dinge besser wünschen, als sie sind, verlassen wir den gegenwärtigen Moment. Beziehungsweise verlangen etwas vom Leben, was es uns nicht geben kann, wie Ajahn Brahm sagen würden. Alles, was genau jetzt genau hier ist, könnte besser nicht sein. Deshalb stellt der Chan auch eine Art ultimativen Realismus dar. Wir sollten nie mit Enttäuschung auf das Leben reagieren. Vielmehr sind wir aufgerufen, aus jedem Moment das Beste zu machen und unser Leben bis zum Gehtnichtmehr auszukosten. Denn genau das ist es letztlich, was uns der Chan lehrt.

Master Guojun

Angemessen ist einfach angemessen. So ist das Sosein – nicht mehr oder weniger. So! Diese Worte verweisen auf einen Sinn hinter der Bedeutung. Sie sind fast nonverbal. Im Grunde stellen sie eher einen Ruf dar oder einen Schrei, eine Eruption des puren Seins. Sie sind nicht rhetorischer und vorkognitiver Natur. Verweisen auf das Nichtdenken. Sind so eindringlich, wie es eindringlicher nicht geht. So, wie die Dinge liegen.

# 24

# Höllensaat: Blick unter die Oberfläche

Sechs Monate nachdem ich ins Kloster Mahabodhi kam und Songnian mir den Kopf geschoren hatte, erkrankte er.

Zunächst bekam er nach dem Frühstück leichte Leibschmerzen. Da er sie für eine Verdauungsstörung hielt, beschimpfte er die Nonnen, die für ihn kochten: »Da seht ihr, was ihr meinem Bauch angetan habt! Welches Gift war es denn, das ihr mir gegeben habt?«

Die Schmerzen verschlimmerten sich rapide. Am Spätvormittag konnte Songnian sie kaum mehr aushalten. Der herbeigerufene Hausarzt diagnostizierte eine Blinddarmentzündung und empfahl dringend die sofortige Überweisung in ein Krankenhaus. Songnian, der vor Schmerz kaum reden konnte, ließ dennoch keinen Zweifel daran, dass ein Klinikaufenthalt für ihn unter gar keinen Umständen infrage kam.

»Ein Blinddarmdurchbruch könnte seinen Tod bedeuten«, gab der Arzt zu bedenken.

Ich habe keine Ahnung, woher ich die Stärke dazu nahm, aber ich schnappte mir Songnian und legte ihn mir über die Schulter. »Höllensaat!«, fluchte er durch zusammengebissene Zähne, »das ist ein Mordversuch.«

Songnian huckepack tragend schleppte ich mich, so schnell ich konnte, durch die Klostertür und zum Auto des Arztes. Während ich den Kranken auf den Beifahrersitz schob, verfluchte und nannte er mich mehrfach Mörder. Doch auf der Fahrt in die Notaufnahme konnte er nur noch keuchen, japsen und vor Schmerzen schreien. Im Krankenhaus angekommen, wurde er schnellstens in einen Rollstuhl gehievt und in den OP geschoben. Dort wurde ihm der Blinddarm entfernt. Der allerdings kerngesund war, wie sich herausstellte. Appendizitis? Fehlanzeige. Fehl*diagnose*. In Wahrheit litt Songnian an Gallensteinen. In einem zweiten Eingriff wurden ihm achtzehn Steine entfernt.

Zu sagen, dass der Meister nur wenig Freude daran hatte, sich einer zweiten Operation unterziehen zu müssen, wäre noch milde ausgedrückt. In den ersten Tagen nach dem Eingriff war er mordswütend und würdigte mich keines Blickes. Als er schließlich wieder geruhte, das Wort an mich zu richten, zieh er mich erneut eines Mordversuchs.

»Höllensaat, du wolltest meinen Tod, weil ich zu streng zu dir bin«, sagte er. »Du verabscheust deine Ausbildung. Hasst mich und willst dich an mir rächen, indem du mir nach dem Leben trachtest. Dein Plan: den alten Mönch abmurksen und selbst Abt werden!«

Ich war verblüfft. Dieser Vorwurf kam für mich völlig unerwartet. »Shifu, *ich* war es doch nicht, der wollte, dass Ihr ins Krankenhaus kommt; das war schließlich der Arzt. Der hielt es für unbedingt nötig. Weil es sich um einen Notfall handelte. Und wir alles dafür tun wollten, dass Ihr noch ein langes Leben habt.«

Plötzlich grinste er. »Worin soll denn der Sinn davon bestehen, so lange zu leben? Kapierst du denn nicht, dass ich längst lange genug gelebt habe? Hältst du mich etwa für gierig nach dem Leben? Ist es das? Ich habe genügend getan. Jetzt ist es an der Zeit, dass die nächste Generation das Ruder übernimmt. Jetzt seid ihr dran!«

X-mal durchliefen wir diese unergründliche Routine. Egal, was ich sagte, er widersprach mir. Nichts war je fix, alles wurde um- und umgedreht, aus Jux und Tollerei ins Gegenteil verkehrt.

Tag und Nacht blieb ich bei Songnian im Krankenhaus, schlief auf einem Stuhl in seinem Zimmer. Wenn er aufwachte, forderte er mich manchmal auf, ihm seine Gebetskette oder etwas Wasser zu holen. Den Ärzten und Krankenschwestern gegenüber war er stets höflich und kooperativ. Ein echtes Schmusekätzchen. Doch sobald sie das Zimmer verlassen hatten, ging es wieder los: »Du willst mir ans Leben«, behauptete er erneut. »Den Alten um die Ecke bringen. Mich töten, damit du meinen Platz einnehmen und selbst Abt werden kannst!«

Ich versuchte nicht zu reagieren. Denn wenn er seinem Zorn freien Lauf lassen konnte, würde er sich vielleicht irgendwann legen. Falsch gedacht!

»Höllensaat! Bist du etwa taub? Spreche ich mit einem Scheit Holz? Einem Stein? Bist du überhaupt wach oder pennst du?«

Selbst in seinem geschwächten Zustand hatte er noch eine scharfe Zunge.

Nach all den auf einem Stuhl im Krankenzimmer verbrachten Nächten und den vielen Tagen, an denen ich den

Meister betüttelt hatte, war ich tatsächlich nie mehr ganz wach. Und hätte im Stehen einschlafen können, so kaputt fühlte ich mich. Wie ein Zombie. Und Songnians Worte prallten an mir ab.

Ich hielt es für die bessere Taktik, allem, was er sagte, zuzustimmen, statt mich gegen seine Anwürfe, ich wolle ihn ermorden, zu verteidigen.

»Ja, Shifu«, sagte ich und verbeugte mich ein ums andere Mal.

»Ja, Shifu«, äffte er mich mit gekünstelt unterwürfiger Stimme nach. »Ja, Shifu. Höllensaat! Mehr kriegst du nicht hin.«

Vor seinen Operationen war Songnian stark und energiegeladen gewesen; danach ging es mit ihm bergab. Er verlor rasant an Gewicht, wurde immer in sich gekehrter und passiver. Er war an den Rollstuhl gefesselt und weigerte sich, Windeln zu tragen. Was zur Folge hatte, dass ich ihn oft nicht mehr rechtzeitig ins Bad bringen konnte und er sich in die Hose machte.

Danach war es mein Job, ihn wieder sauber zu machen. Das heißt, ich musste ihn aus dem Rollstuhl heben, unter die Dusche bringen, festhalten und ihm sanft den Kot abwaschen. Dabei schrie er mich meistens an, weil ihm das Wasser entweder zu heiß oder zu kalt war. »Willst du etwa bei lebendigem Leib Brühe aus mir machen?«, zischelte er. Oder: »Du willst mich wohl einfrieren!«

Irgendwann wurde mir klar, dass Songnian keineswegs störrisch und auf Krawall gebürstet war wie ein kleines Kind. Vielmehr gab es tatsächlich immer eine richtige

Wassertemperatur. Ich konnte sie ableiten: aus dem Wetter, der Tageszeit und aus den Aktivitäten, die Songnian an den Tag gelegt hatte. Er brachte mir bei, unter die Oberfläche zu schauen. Flexibel zu bleiben, mich den Gegebenheiten kontinuierlich anzupassen und nicht an bestimmten Denkansätzen oder Methoden festzuhalten, koste es, was es wolle.

Nach dem Waschen trocknete ich ihn sorgfältig mit einem Handtuch ab. Rubbelte ich zu stark, schrie er mich an: »Bapi!« Was übersetzt in etwa heißt: »Du ziehst mir ja die Haut ab!« Fand er hingegen, ich würde ihn nicht schnell genug abtrocknen, warf er mir vor, ihn absichtlich der Gefahr auszusetzen, sich eine Erkältung zu holen. »Ich durchschaue deine Tricks«, sagte er. »Du willst, dass ich mir eine Lungenentzündung hole und eines langsamen, qualvollen Todes sterbe.«

Aber manchmal, wenn ich beim Abtrocknen schon mit einer weiteren Standpauke rechnete, seufzte er auch nur zufrieden, bedankte sich bei mir dafür, dass ich ihn abgeduscht und sauberggemacht hatte, und bezeichnete mich sogar als Bodhisattva. Kurz: Ich wusste nie, woran ich war.

Eines Tages verbot er mir, bei ihm im Zimmer zu übernachten. »Du willst mich töten und meine Sachen stehlen«, sagte er zur Begründung. Da er Banken misstraute, bewahrte er die ganzen Spendengelder, die er und das Kloster erhalten hatten, in seinen Schränken und in alten Koffern unter dem Bett auf.

Ich schlief auf einer Matte vor seiner Tür. Wenn er mich brauchte, drückte er auf einen Knopf, und eine Glocke ertönte. Ich versuchte, wach zu werden, und taumelte in sein

Zimmer, nach einem langen Arbeitstag völlig ausgelaugt vom Saubermachen, Fegen, Wischen und Waschen.

Wenn er mich nachts zu sich rief, so meistens, weil er auf die Toilette musste. War ich dann so weit, dass ich adäquat reagieren konnte, hatte er meistens schon ins Bett gemacht. Und beschimpfte mich ein weiteres Mal, warf mir vor, absichtlich so lange gewartet zu haben. In meinem geschwächten Zustand musste ich danach seine ganze Bettwäsche wechseln, ihn entkleiden, das Bett sauber machen, ihn selbst abputzen und ihm frische Wäsche anziehen. Der Geruch, der in der Luft hing, war so widerwärtig, dass er bei mir oft einen Würgereiz auslöste. Das Ganze war anstrengend, viel zu intim und alles in allem einfach schrecklich.

Seltsam nur: Wenn ich ihm seine Exkremente abwusch und die verschmutzte Bettwäsche wechselte, war Songnian glücklich. Aber auch irgendwie schadenfroh. Er fühlte sich nicht etwa gedemütigt, keine Spur. Vielmehr war ich es, der die Intimität zwischen uns als erdrückend und rundum eklig empfand. Damals verstand ich es nicht – es war, als wäre er über derartige Überlegungen erhaben. Oder vielleicht lag es auch einfach daran, dass es die zwischen ihm und mir herrschende Dynamik nicht zuließ; ich war sein Schüler; es war meine Pflicht, mich um ihn zu kümmern. Ihm absolut Folge zu leisten. Zu dienen. Ich war es, der sich lächerlich gemacht hatte. Ihn enttäuscht hatte. Ich war nicht rechtzeitig bei ihm gewesen. Seine Inkontinenz beschämte mich. Und er wusste das.

»Du denkst, ich würde dich zu demütigen versuchen, indem ich dich meine Scheiße wegputzen lasse«, sagte er mit einem rätselhaften Grinsen.

»Nein, Shifu, das nicht. Es tut mir vielmehr sehr leid, dass ich zu spät war.« Wieder und wieder verbeugte ich mich, mit gesenktem Blick. Meine Güte, ich war zweiundzwanzig Jahre alt! Wie sollte ich mir auf all das einen Reim machen? Dass so etwas auch einmal zu meiner Mönchsausbildung gehören könnte, hätte ich im Leben nicht gedacht.

Ich war fix und fertig, erschlagen von seinen Lektionen und Beschimpfungen. Vollkommen am Ende. Manchmal stand ich kurz davor aufzugeben. Dann atmete ich einmal tief durch und befahl mir, mich zu entspannen. Mich auf den gegenwärtigen Moment zu besinnen. Meine Arbeit zu tun. Zu helfen. Mich auf die Umstände einzulassen, wie sie nun einmal waren.

Als mein Foto später in allen Zeitungen war und sich der Prozess gegen mich zog und zog, wurde mir klar, dass mir der alte Mönch immer noch Belehrungen erteilte. Er hatte mich auf das vorbereitet, was vor mir lag. Dieses Gesicht hat keine Bedeutung. Demütigung ist nicht von Bedeutung. Was für eine Lektion in Sachen Im-Augenblick-Bleiben! Darin, meine Bodhisattva-Gelübde zu halten und mitfühlend zu reagieren! Songnian hatte mir den Samen der Fähigkeit eingepflanzt, mit allem Frieden zu schließen, was mir das Leben vorsetzte. Nur dass ich es zu der Zeit noch nicht wusste.

**25**

# Die Welt aufwecken

Eines Abends fuhr ich nach dem Seminar mit Ajahn Brahm ziemlich spät zurück. Es war schon fast Mitternacht, als ich im Chan Forest Retreat Center ankam. Auf dem Weg durch die Nacht saß ich vorn im Wagen neben dem Fahrer. Die Phalanx der hell erleuchteten Gebäude, aus denen sich das ausgedehnte Stadtbild Jakartas wie eine Kette eng beieinanderstehender Lichter zusammensetzt, zog und zog sich. Als wir dann endlich aufs Land gelangten, konnte ich den Mond und die Sterne klar erkennen und auch das Licht, das aus den Häuschen und Hütten nach draußen drang, zeichnete sich in der umgebenden Dunkelheit deutlich ab.

Aus irgendeinem Grund war ich sehr bewegt. Ich dachte an meinen Shifu, Meister Sheng Yen, und eine der letzten Fahrten, die ich vor seinem Tod mit ihm unternommen hatte. Er lehrte im Dharma Drum Retreat Center in Pine Bush, mehr als zwei Stunden mit dem Auto vom Haupt-Meditationszentrum in Queens entfernt, wo wir wohnten.

Wir fuhren sehr früh am Morgen weg. Sheng Yen saß vorn neben dem Fahrer. Ich als sein Diener hatte hinten Platz genommen. Zu der Zeit war er schon ziemlich krank.

Tagsüber unterrichtete er, er hatte aber auch noch andere Termine wahrzunehmen. Sodass wir noch am selben Tag wieder nach Queens zurück mussten. Als wir nach dem Abendessen aufbrachen, wurde es bereits dunkel. Und da auf den Straßen dichter Verkehr herrschte, war es schon ziemlich spät, als wir wieder in der Stadt ankamen. Alles war in helles Licht getaucht. Vor mir zeichneten sich Kopf und Nacken meines Shifu dunkel ab. Der Fahrer blickte stur geradeaus, niemand sagte einen Ton. An diesem Abend so dazusitzen, hinter meinem Shifu … es fällt mir schwer, die Gefühle zu beschreiben, die ich hatte. Im Wagen herrschte Totenstille. Draußen flog die Welt an uns vorbei. Während dort auch zu später Stunde noch Geschäftigkeit herrschte, war im Wagen alles wie erstarrt. Draußen war es kalt, im Inneren des Autos mollig warm. Der Fahrer fuhr sehr vorsichtig, unterließ alles, was Sheng Yen hätte stören können: plötzliches Bremsen, abrupte Überholmanöver. Wann immer ich mich in meinem Sitz bewegte, tat ich es langsam und bedächtig, um ja die kokonartige Stimmung im Wagen nicht zu gefährden. Ich versuchte sogar, nur so oberflächlich zu atmen, dass ich nicht einmal das leiseste Geräusch von mir gab.

Beim Blick auf Sheng Yens Silhouette kamen mir die vier großen Gelübde in den Sinn. Wir rezitieren sie vor jeder Mahlzeit, vor der Morgen- und der Abend-Puja, nach dem Aufstehen und vor dem Zubettgehen.

*Die Zahl der Lebewesen ist unendlich;*
  *ich gelobe, sie alle zu erlösen.*
*Gier, Hass und Unwissenheit entstehen unaufhörlich;*
  *ich gelobe, sie alle zu überwinden.*
*Die Tore des Dharma sind zahllos;*
  *ich gelobe, sie alle zu durchschreiten.*
*Der Weg des Buddha ist unvergleichlich;*
  *ich gelobe, ihn zu verwirklichen.*

Viele Jahre lang hatte ich diese Gelübde sieben Mal täglich rezitiert, aber so wie auf dieser Rückfahrt nach Queens waren sie nie in mir nachgeklungen. Ich spürte die gesamte Entschiedenheit und Stärke Sheng Yens, die unerschütterliche Durchschlagskraft seines Engagements. Er war so fest entschlossen zu helfen. Die Welt aufzuwecken. Er war ständig in Bewegung, ein Ranger des Dharma, immer dabei, die Lehren zu verbreiten. Die Gelübde, denen er sein Leben widmete, waren Paradoxa, unauflösbare Widersprüche. Und doch hegte er die unumstößliche Gewissheit, dass all das Unmögliche, das sie uns abverlangten, möglich war. Wie machte er das bloß? Wir fuhren weiter durch die riesige, schillernde Stadt. Unzählbar. Unerschöpflich. Endlos. Unmöglich! Und doch unerschütterlich. Absolutes Engagement für und immenser Glaube an den Pfad.

In den letzten Jahren seines Lebens fragte ich mich oft, ob die Leute überhaupt verstanden, was er ihnen beibringen wollte. Immer wenn ich ihn bei der Arbeit beobachtete und sah, wie er sich überforderte, ging mir die Frage durch den Kopf: Ist es das wert? Ich wünschte mir, glaube ich, dass er sein Tempo reduzierte und sich mehr um sich kümmerte. Aber es gab keine Möglichkeit, ihn zu bremsen.

»Es ist ein Rennen gegen die Zeit, und ich bin schon an der Ziellinie, am Ende meines Lebens. Das ist jetzt nicht die Zeit zum Aufhören. Was immer ich in diesem Leben erledigen kann, erledige ich auch. Und was ich nicht mehr hinkriege, packe ich dann im nächsten an«, erklärte er mir.

Aber das überzeugte mich noch nicht. Und nach einer besonders anstrengenden Reise sprach ich meine Zweifel auch aus: »Wir fliegen hierhin, fliegen dorthin. Ist es das wirklich wert? Verstehen es die Leute überhaupt?«

»Das ist nicht unser Problem«, erwiderte er. »Unsere Aufgabe besteht darin, den Dharma zu lehren.«

Damals verfügte ich noch nicht über genügend Lebenserfahrung, um verstehen zu können, was es heißt, zu geben und immer weiter zu geben. Zu geben, wie er es tat, bedingungslos, ohne irgendeine Gegenleistung zu erwarten.

Unsere Gelübde sind nicht auszudenken, unerreichbar, jenseits jeder Vorstellungskraft. Und doch weiß ich wie Sheng Yen auch, dass sie realisierbar sind. Er gab sein Leben für sie. Sparte nichts, absolut nichts von sich aus. Er gab ohne Vorbehalte. Mit totalem Engagement. Endlos, zahllos, unerschöpflich – körperlich, verbal, geistig. Und mit seiner Güte, der grenzenlosen Güte seines Herzens.

# Über die Autoren

AJAHN BRAHM (Ajahn Brahmavamso Mahathera), 1951 als Peter Betts in London geboren, ist ein Theravada-buddhistischer Mönch. Er wuchs in London auf und schloss sein Studium der theoretischen Physik an der Cambridge University erfolgreich ab. Desillusioniert von der akademischen Welt ging er nach Thailand in den Dschungel, um sich dort unter Ajahn Chah zum Mönch ausbilden zu lassen. Mehr als vierzig Jahre nach seiner Ordination ist er heute ein verehrter spiritueller Meister und Abt des Klosters Bodhinyana im westaustralischen Serpentine – einem der größten Klöster der südlichen Hemisphäre –, zudem der geistliche Direktor der Buddhist Society of Western Australia sowie spiritueller Ratgeber und Inspirationsquelle für buddhistische Zentren in ganz Asien und Australien. Nicht zuletzt die für Ajahn Brahm typische Kombination von Witz und Weisheit macht seine in viele Sprachen übersetzten Bücher zu Bestsellern; und seine Vortragsreisen, die ihn in aller Herren Länder führen, ziehen regelmäßig ein nach Tausenden zählendes Publikum an. In deutscher Sprache erschienen von Ajahn Brahm unter anderem: *Die Kuh, die weinte. Buddhistische Geschichten über den Weg zum Glück; Der Elefant, der das Glück vergaß. Buddhistische*

*Geschichten, um Freude in jedem Moment zu finden; Öffne die Tür zu deinem Herzen. Die kleine Schule der liebevollen Achtsamkeit; Wie hilft der Bär beim Glücklichsein? Fragen und Antworten für den buddhistischen Weg zu einem achtsamen und erfüllten Leben; Jeder Lotos hat ein schönes Herz. Eine praktische Anleitung zur Meditation.*

MASTER GUOJUN, 1974 in Singapur geboren, wurde unter dem Ehrenwerten Songnian im singapurischen Mahabodhi Temple zum Mönch ordiniert. Er ist einer der jüngsten Dharma-Erben des hochrenommierten Chan-Meisters Sheng Yen. Seit 1997 meditiert er intensiv. Studiert hat er sowohl den tibetischen als auch den Theravada-Buddhismus sowie verschiedene Aspekte der Mahayana-Tradition. Master Guojun ist zudem leitender spiritueller Lehrer der Chan Community Canada und von Chan Indonesia. 2005 bis 2008 war er Abt des Dharma Drum Retreat Center in Pine Bush, New York. Gegenwärtig ist er Vorsitzender des Klosters Mahabodhi in Singapur. Buchveröffentlichungen: *Essential Chan Buddhism* (in verschiedene Sprachen übersetzt) und *Chan Heart, Chan Mind*.

# Ajahn Brahm

**Eine wundervolle Sammlung inspirierender Geschichten mit Tiefgang. Nie wurde buddhistische Weisheit charmanter und humorvoller präsentiert.**

978-3-7787-8183-8

978-3-7787-8251-4

# Ajahn Brahm

## Der Weg zu innerer Stärke und Gelassenheit

978-3-453-70291-2